WILLIBALDO RUPPENTHAL NETO

HISTÓRIA DO CRISTIANISMO I

História do Cristianismo I
por Willibaldo Ruppenthal Neto
© Faculdades Batista do Paraná (FABAPAR)
Publicado, em coedição, por FABAPAR e Publicações Pão Diário.
Todos os direitos reservados.

FACULDADES BATISTA DO PARANÁ
Direção-Geral: Jaziel Guerreiro Martins
Coordenação dos Bacharelados em Teologia: Margareth Souza da Silva
Coordenação Adjunta do Bacharelado em Teologia EAD: Janete Maria de Oliveira
Autoria do Material: Willibaldo Ruppenthal Neto
Coordenador editorial, design gráfico e capa: Thiago Alves Faria
Coordenação de Produção: Murilo de Oliveira Rufino e Juliana Valentim
Análise de Conteúdo: Igor Pohl Baumann e Willibaldo Ruppenthal Neto
Núcleo de Inovação e Desenvolvimento Educacional: Elen Priscila Ribeiro Barbosa
Design Instrucional: Elen Priscila Ribeiro Barbosa
Revisão: Edilene Honorato da Silva Arnas, Dayse Fontoura e Marcela Vidal Machado

Dados Internacionais para Catalogação na Publicação (CIP)

```
R946   Ruppenthal Neto, Willibaldo

           História do cristianismo – I / Willibaldo Ruppenthal Neto -
       2. ed. - Curitiba: Núcleo de Publicações FABAPAR, 2022.
       Curitiba: Publicações Pão Diário, 2022.

           144 p. ; il.

           ISBN: 978-65-5350-166-9

           1. Cristianismo - História. 2. História eclesiástica. I. Autor.
       II. Título.
                                                       CDD: 270
```

Bibliotecário: Jackson Friesen (CRB9/2023)

Proibida a reprodução total ou parcial sem prévia autorização, por escrito, da editora. Todos os direitos reservados e protegidos pela Lei 9.610, de 19/02/1998. Permissão para reprodução: permissao@paodiario.com e permissao@fabapar.com
Exceto quando indicado o contrário, todas as citações bíblicas são da ARA e NVI.

Publicações Pão Diário
Caixa Postal 4190,
82501-970 Curitiba/PR, Brasil
publicacoes@paodiario.org
www.publicacoespaodiario.com.br
Telefone: (41) 3257-4028

Código: GL975
ISBN: 978-65-5350-166-9

2.ª edição: 2022 • 1.ª impressão: 2022

Impresso no Brasil

SUMÁRIO

Apresentação do autor 5
Prefácio 7
1. A Igreja da Antiguidade (Séculos I–IV) 11
Introdução 13
1.1 De Jerusalém aos confins da Terra 13
1.2 O que tem Atenas a ver com Jerusalém? 29
Síntese do capítulo 38
2. A Igreja da Alta Idade Média (Séculos IV–X) 39
Introdução 41
2.1 Com este símbolo vencerás! 41
2.2 Dai a César o que é de Deus! 54
Síntese do capítulo 63
3. A Igreja da Baixa Idade Média (Séculos X–XIV) 65
Introdução 67
3.1 O estandarte da cruz 67
3.2 Entre Deus e o Diabo 82
Síntese do capítulo 94
4. A Igreja do Renascimento (XIV–XVI) 95
Introdução 97
4.1 O renovo cultural 97
4.2 Mais que uma reforma 112
Síntese do capítulo 129
Referências 130

Apresentação do autor

Willibaldo Ruppenthal Neto é professor do Bacharelado em Teologia Presencial e do Bacharelado em Teologia EAD das Faculdades Batista do Paraná (FABAPAR). É Mestre em História pela Universidade Federal do Paraná (UFPR), graduado (Bacharelado e Licenciatura) em História pela UFPR e Bacharel em Teologia pelas FABAPAR. É também membro discente do Núcleo de Estudos Mediterrânicos (NEMED) da UFPR e pastor auxiliar de Adolescentes da Igreja Batista Lindoia, na cidade de Curitiba.

Prefácio

Diferentemente de outras religiões, o cristianismo não é somente uma religião com sua própria história — é, como afirmou o historiador francês Marc Bloch, "por essência, uma religião histórica" (BLOCH, 2010, p. 58). Além de ter uma história, o cristianismo também se fundamenta na crença sobre fatos históricos — decisivos para os pertencentes a essa religião — que alteraram completamente a realidade, não só marcando, mas verdadeiramente dividindo a história da humanidade entre "antes de Cristo" e "depois de Cristo".

Assim, para lá de o Credo Apostólico indicar uma fé fundamentada em afirmações históricas — "Creio em Jesus Cristo [...] que foi crucificado sob Pôncio Pilatos [...] e ressuscitou dentre os mortos no terceiro dia" —, o próprio objetivo da religião cristã é propagar o conhecimento dos fatos, considerados em conjunto como a "boa notícia" (*euangelion* em grego) que o cristão conhece a respeito da história, e que quer compartilhar com todos que puder. Nesse sentido, todo cristão não é somente um pregador, como também um historiador narrando os fatos do passado. Não será por acaso que Marc Bloch dirá que o "cristianismo é uma religião de historiador" (BLOCH, 2010, p. 42).

Além de relatar os fatos históricos, os cristãos buscam apresentar o significado real e mais profundo desses mesmos fatos do ponto de vista espiritual. Não obstante Jesus Cristo ter sido um homem, que nasceu, viveu e morreu na Judeia do primeiro século, Ele era também, segundo a interpretação cristã, o Filho de

Deus, por meio do qual a salvação foi oferecida à humanidade.

É por isso que junto aos fatos de Seu nascimento e morte deve sempre ser destacado o fato de Sua ressurreição, que dá sentido à mensagem cristã como interpretação de Sua vida. É a ressurreição que dá sentido à própria existência do cristianismo, como anúncio da verdade por trás dos fatos. Como lembra Paulo aos cristãos em Corinto: "E, se Cristo não ressuscitou, nossa pregação é inútil, e a fé que vocês têm também é inútil" (1 Co 15.14)[1]. Mesmo um historiador, como lembra Charles Harold Dodd, deve admitir que a ressurreição, independentemente de se ele crê ou não nela, "é a crença central em torno da qual a própria Igreja cresceu, sem a qual não poderia ter havido Igreja nem Evangelhos" (DODD, 1976, p. 35).

Os Evangelhos, portanto, são exemplos de documentos que apresentam um caráter duplo: são simultaneamente históricos e religiosos. São relatos históricos dos fatos da vida de Jesus, ao mesmo tempo que buscam destacar elementos e interpretar tais fatos para "apresentar", como lembra o autor, "da maneira mais enérgica possível, o significado que nossos autores julgavam ser seu verdadeiro significado". Desse modo, "os Evangelhos são uma expressão da fé da Igreja", apresentando os fatos históricos como "os meios através dos quais Deus manifesta seus caminhos aos homens" (DODD, 1976, p. 34).

---

[1] Todas as citações bíblicas sem indicação de versão são da Nova Versão Transformadora. Nas exceções, a versão utilizada é indicada individualmente.

O maior exemplo desse duplo caráter dos Evangelhos é o livro escrito por Lucas, que foi incluído no Novo Testamento e está dividido em duas partes: Evangelho segundo Lucas e Atos dos Apóstolos. Já em seu prefácio, Lucas deixa claro que assume a tarefa de historiador, buscando conhecer os textos já escritos a respeito de Jesus (Lc 1.1), e entrando em contato com testemunhas oculares (Lc 1.2). Lucas, "depois de investigar tudo detalhadamente desde o início", decide escrever "um relato preciso" (Lc 1.3). Sua obra possui sentido religioso, uma vez que, destinando-se a Teófilo, segundo o próprio Lucas, tem como propósito que este, lendo a obra, possa ter "plena certeza de tudo que lhe foi ensinado" (Lc 1.4).

Acontece que os Evangelhos não são relatos somente de fatos históricos, mas também de uma nova fase da história, na qual a salvação foi apresentada plenamente à humanidade. Nesse sentido, os Evangelhos contam uma história que não se encerrou em suas páginas, mas continuou sendo escrita na própria vida daqueles que, comissionados por Jesus como Seus discípulos, deram continuidade à obra de seu Mestre. Ou seja, a história contada nos Evangelhos não é somente a história da vida de Jesus nesta Terra, mas é, também, a história de Sua Igreja, que dá continuidade à obra de redenção como corpo de Jesus Cristo neste mundo. É por isso que o Evangelho de Lucas tem unidade com o livro de Atos dos Apóstolos, uma vez que, assim como um fato tem seu sentido plenificado naqueles que sentem seu impacto, também a vida de Jesus ganhou sentido mediante a vida daqueles que assumiram em si mesmos a tarefa de serem Suas "testemunhas" pelo mundo.

Estudar a história do cristianismo, portanto, não é somente uma tarefa importante pelo caráter histórico dessa religião, mas é também — e principalmente — uma responsabilidade de todo cristão. É essencial que cada cristão tenha uma consciência mais apurada a respeito de sua própria tarefa como continuador de uma história que, tendo início em Jesus Cristo, foi continuada pela igreja, da qual cada cristão é parte, mesmo que não saiba.

1. A IGREJA DA ANTIGUIDADE (SÉCULOS I–IV)

1. A Igreja da Antiguidade (Séculos I–IV)

Introdução

Este capítulo tem como objetivo principal que você conheça a Igreja cristã inicial e como ela se expandiu. Para isso, é necessário entender a "Grande Comissão" de Jesus Cristo, ou seja, a ordem de Jesus para que Seus discípulos continuassem a Sua obra e levassem o Evangelho a todo o mundo, assim como a forma com que a Igreja buscou realizar tal ordem. Sendo assim, será apresentado como o cristianismo se expandiu a partir de Jerusalém até os confins da Terra, tendo como intenção alcançar os gentios, os quais receberam o Evangelho especialmente pela obra missionária de Paulo, que contribuiu não somente na expansão do cristianismo, mas também na marcação das diferenças entre a religião cristã e a religião judaica, da qual veio.

1.1 De Jerusalém aos confins da Terra

Desde o início, o cristianismo se marcou como uma afirmação histórica: além de os Evangelhos serem relatos históricos a respeito da vida de Jesus Cristo nesta terra, também o próprio Evangelho — *euangelion* em grego — é a notícia de que "Deus se introduziu em nossa história, em prol de nossa redenção" (GONZÁLEZ, 2011a, p. 11). Tal notícia, além de ser histórica como narração, é também histórica por ter uma contextualização: Deus interveio e encarnou em um determinado momento da história e em um local geográfico específico. É por isso que Lucas começa seu livro contextualizando o leitor: "Quando Herodes era rei da Judeia" (Lc 1.5).

Essa contextualização, na visão cristã, também tem sua importância. Para os cristãos, Deus não "enviou seu filho, nascido de uma mulher e sob a lei" em um momento qualquer, mas "quando chegou o tempo certo" (Gl 4.4). O agir divino, portanto, não se deu somente no envio de Seu Filho, mas também na escolha do momento certo para tal envio. Desse modo, os cristãos não viam a mão de Deus somente na preparação do nascimento e vida de Jesus, mas também nas próprias "circunstâncias históricas que o rodearam" (GONZÁLEZ, 2011a, p. 15) e que favoreceram o crescimento e a expansão da religião cristã. Que circunstâncias históricas eram essas? Segundo o missionário Bertil Ekström (2001), pode-se destacar três circunstâncias históricas que foram elementos decisivos no favorecimento da expansão da fé cristã: a Pax Romana, a diáspora e o helenismo. Cabe analisar cada um destes de modo particular.

Quanto à Pax Romana, ou seja, o período de paz e prosperidade vivido dentro do Império Romano entre o primeiro e o segundo séculos da Era Cristã, trata-se de um elemento bastante ambíguo. Se, por um lado, tal "paz" favorecia o fluxo de comércio e a mobilidade dentro do Império, facilitando que a nova religião fosse levada rapidamente aos extremos do mundo conhecido, também apresentava certo limite por ser o resultado de uma clara imposição por parte de Roma. Quanto ao favorecimento do comércio, certamente isso colaborou e muito na difusão do cristianismo, pois:

> A maior parte da expansão do cristianismo nos séculos que antecedem Constantino aconteceu não por causa da obra de pessoas dedicadas exclusivamente a essa tarefa, mas graças ao testemunho constante de milhares de comerciantes, de escravos e cristãos condenados ao exílio, que davam testemunho de Jesus Cristo onde quer que a vida os levasse, e iam criando, assim, novas comunidades em lugares aos quais os missionários "profissionais" ainda não haviam chegado. (GONZÁLEZ; ORLANDI, 2010, p. 70).

Porém, quanto ao atrito entre romanos e judeus, essa situação criou sérias dificuldades para os cristãos. Apesar de a maioria dos povos submetidos aos romanos estarem contentes com a situação daquele contexto, "a Palestina, no entanto, era uma exceção", uma vez que "os judeus, que constituíam a parte dominante de sua população, eram uma gente muito particular e obstinada" (DODD, 1976, p. 10), os quais realizaram inúmeras revoltas contra a dominação romana.

Mesmo assim, os judeus recebiam consideráveis privilégios religiosos por parte do Império Romano. Como lembra J. Nelson Kraybill (2004, p. 269), "os funcionários imperiais romanos entendiam que o judaísmo era religião venerável e sabiam que a recusa a participar de cerimônias do culto imperial não subentendia necessariamente deslealdade ao imperador". No caso dos cristãos, essa "paz" não foi tão eficiente: com o tempo, sendo rejeitados pelos judeus como uma "seita" (At 28.22), passaram a se diferenciar destes na percepção romana, culminando na perda das concessões feitas aos judeus, de modo que passaram a ser obrigados a adorar o imperador.

Uma vez que muitos cristãos rejeitaram tal adoração, o cristianismo passou a ser considerado não apenas uma religião ilícita (*religio illicita*), mas também os próprios cristãos foram acusados de serem ateus (latim: *atheos*), uma acusação recorrente na retórica daquele ambiente (BREMMER, 2007, p. 22). De fato, nessa circunstância, "ateísmo" não era tanto não crer em divindade alguma. Antes, "era uma demonstração de ateísmo recusar a veneração àqueles que deviam ser honrados como deuses" (PELLISTRANDI, 1978, p. 196). Desse modo, a "paz romana" pode ter colaborado na expansão do cristianismo, porém, tal "paz" foi bastante relativa para os cristãos dos primeiros séculos.

O termo "diáspora", que provém do termo grego para "divisão" e "dispersão", tem sido utilizado historicamente não apenas para se referir à dispersão dos judeus, expulsos da Judeia, mas também às próprias comunidades judaicas formadas por todo o mundo, fora da Judeia, tanto no passado como nos dias de hoje. A diáspora, portanto, não foi somente uma mobilização forçada dos judeus, mas também uma estrutura social e cultural dos judeus pelo mundo, a qual se formou em decorrência desse movimento. Desse modo, pode-se afirmar que a diáspora não foi somente um aspecto do judaísmo antigo, mas um dos fundamentos da construção da identidade judaica naquele contexto (BOYARIN; BOYARIN, 1993), uma vez que a experiência judaica na Antiguidade "foi majoritariamente uma experiência de diáspora" (GRUEN, 2004, p. vii).

De fato, quando atentamos aos números indicados pelos historiadores, podemos notar a enorme quantidade de pessoas que formavam as comunidades judaicas por todo o Império Romano, especialmente no Egito, onde havia a maior concentração de judeus fora da Judeia. Segundo o historiador Geza Vermes (2013, p. 69-70), a população da Judeia no tempo de Jesus girava entre 500 mil e um milhão de habitantes. Para esse mesmo contexto, Filo de Alexandria (*In Flacc.*, 43) indicou — exageradamente, como era o costume dos historiadores antigos — mais de um milhão de judeus residindo no Egito. A despeito de ser um número superestimado, a indicação de Filo nos leva a perceber a dimensão e a importância dessa comunidade judaica no Egito, a qual chegou inclusive a **fundar templos próprios**, como o templo na cidade de Elefantina, onde o Deus dos judeus era adorado juntamente com outros deuses (ROSENBERG, 2004), e o templo de Leontópolis (ALMEIDA, 2014), mencionado por Flávio Josefo (*Bell. Jud.*, 7.10.2).

> **Saiba Mais**
>
> Estando fora, e muitas vezes distantes do Templo de Jerusalém, as comunidades judaicas da diáspora procuraram meios para praticar e manter sua religiosidade. No caso do Egito, onde havia a maior comunidade judaica fora da Judeia, foram fundados dois templos judaicos, um em Elefantina e outro em Leontópolis. O primeiro templo, em Elefantina, foi destruído por volta do século 4 a.C. pelos egípcios, quando estes entraram em conflito com os judeus que habitavam seu território. O segundo templo, em Leontópolis, parece ter sido destruído, segundo o relato de Flávio Josefo, pelos romanos com intenção de evitarem que se tornasse o centro de uma revolta judaica, como ocorreu com o Templo de Jerusalém na Grande Revolta Judaica (66-73 d.C.).

Os templos de Elefantina e Leontópolis, porém, eram exceções. As principais ferramentas que os judeus utilizaram para praticar e manter viva sua religião fora da Judeia eram as sinagogas, as quais foram fundadas pelas comunidades judaicas não unicamente no Egito, mas também em várias cidades na Grécia, na Itália e por todo o Império Romano. Nessas sinagogas, pela leitura dos textos sagrados, orações e exposições das Escrituras, a tradição judaica se mantinha não somente viva, mas também ativa.

De que forma a diáspora contribuiu para a expansão do cristianismo? Uma vez que o cristianismo surgiu dentro do contexto judaico, a existência de comunidades judaicas durante o Império Romano favoreceu que a mensagem avançasse rapidamente, começando pelos judeus. Os primeiros missionários, a exemplo do apóstolo Paulo, não somente aproveitavam a existência das comunidades judaicas nas cidades durante o Império, mas também utilizavam as sinagogas fundadas por essas comunidades como ferramenta para propagarem a fé cristã aos judeus fora da Judeia e até mesmo aos gentios interessados na religião judaica. Como lembra Lucas no livro de Atos, Paulo costumava se dirigir às sinagogas quando chegava a uma nova cidade e, nestas, pregava o Evangelho (At 17.2), utilizando-as como pontes para falar aos judeus que ainda não conheciam o Evangelho de Jesus Cristo.

Figura 1 – Afresco da sinagoga de Dura-Europos (244-255 d.C.)

AFRESCO da sinagoga de Dura-Europos. 244-255 d.C. Museu Nacional de Damasco. A sinagoga de Dura-Europos, na Síria, é uma das mais antigas do mundo, tendo particular importância arqueológica pela presença de diversos afrescos representando eventos da Bíblia hebraica e da história do judaísmo, a exemplo deste, sobre Moisés sendo encontrado no rio. Crédito: Wikimedia Foundation. Domínio público.

A missão cristã, em parte devido à relação com o judaísmo e, em parte, aproveitando a oportunidade gerada pela diáspora, concentrou-se primeiramente nos judeus da diáspora. Por isso, as primeiras igrejas cristãs foram fundadas "nos setores judaicos das cidades", como lembra Rodney Stark (2006, p. 77). Ademais de o cristianismo se apresentar como uma continuidade e realização das expectativas messiânicas judaicas, também se pode afirmar, com Stark, que "os judeus da diáspora estavam nos lugares certos para proporcionar o suprimento necessário de convertidos" ao cristianismo, uma vez que suas comunidades estavam "nas cidades, especialmente nas cidades da Ásia Menor e do Norte da África" (STARK, 2006, p. 83-84). Foi justamente nessas cidades que se formaram as primeiras igrejas e se desenvolveram as comunidades cristãs mais fortes dos primeiros séculos.

Assim, fica claro como a circunstância histórica da diáspora judaica favoreceu o cumprimento da ordem de Jesus a Seus discípulos, iniciando entre os judeus em Jerusalém e na Judeia, mas se expandindo a todos os lugares da terra: "Vocês [...] serão minhas testemunhas em toda parte: em Jerusalém, em toda a Judeia, em Samaria e nos lugares mais distantes da terra" (At 1.8). Porém, o foco da missão cristã, inicialmente voltada aos judeus, parece ter mudado drasticamente no decorrer dos primeiros séculos da Era Cristã, direcionando-se dos judeus aos gentios, talvez não só para se cumprir a ordem de Jesus, mas também para evitar a confusão entre judaísmo e cristianismo, que havia gerado um verdadeiro "judeu-cristianismo" com diversos cristãos que, mesmo crendo em Jesus Cristo, permaneceram apegados à lei e às tradições judaicas, culminando inclusive no que ficou conhecido como **ebionismo**, uma das principais heresias dos primeiros séculos.

Saiba Mais

Ebionismo é uma das várias heresias dos primeiros séculos, a qual afirmava que Jesus Cristo não teria abolido a Lei judaica (Torá), de modo que os cristãos teriam que seguir esta lei, inclusive realizando a circuncisão. Negavam, portanto, a validade das cartas paulinas dentro da Igreja cristã e a autoridade de Paulo como apóstolo.

Assim, mesmo que a Igreja inicial tivesse seu centro em Jerusalém (WALKER, 2006, p. 32), a fé cristã se propagou não somente aos judeus que viviam fora da Judeia, mas também aos gentios que viviam dentro e fora do Império Romano (GONZÁLEZ, 2011a, p. 15). Nesse processo, o chamado "Concílio de Jerusalém" deixa evidente a mudança de foco e a processual desvinculação do cristianismo em relação ao judaísmo. Apesar de ser convocado a fim de se obrigar a circuncisão aos gentios convertidos ao cristianismo, foi decidido que nenhuma obrigação da lei judaica seria imposta, senão as restrições a se "comer alimentos oferecidos a ídolos", "consumir o sangue ou a carne de animais estrangulados" e "praticar a imoralidade sexual" (At 15.29).

Por meio da influência de Paulo e da evidente força dos judeus da diáspora e dos gentios convertidos ao cristianismo, "as estacas da liberdade cristã foram fincadas", como bem indicou Hernandes Dias Lopes (2011, p. 57), de modo que "o jugo do judaísmo foi sacudido", confirmando-se que "a mensagem que devia ser anunciada aos gentios é que a graça de Cristo é absolutamente suficiente para a salvação".

Rejeitando a imposição da circuncisão, o cristianismo marcou sua ruptura definitiva com o judaísmo, que tinha essa prática como o pré-requisito básico para um gentio se converter (BIRD, 2010, p. 40), uma vez que era o principal elemento da identidade judaica naquele contexto (COHEN, 2006, p. 43-44). Se a diferença entre judaísmo e cristianismo está no valor dado à lei, o grande corte entre as religiões está na circuncisão. A circuncisão era tão central dentro do judaísmo que, além de ser o grande sinal da aliança entre Deus e Abraão (BERNAT, 2009), como marca da submissão à lei, era também um símbolo da diferença, marcando a pertença ao judaísmo, assim como a própria resistência deste diante da cultura greco-romana (RUPPENTHAL NETO; FRIGHETTO, 2017).

Com a Revolta dos Macabeus, realizada contra as imposições do rei selêucida Antíoco Epifânio, que incluíam a proibição da circuncisão, essa prática se tornou "um símbolo de resistência nacional ao helenismo" (BIRD, 2010, p. 25). Não somente se denominava todo gentio como "incircunciso", mesmo que fosse circuncidado (STERN, 1994, p. 60), mas também a dinastia dos Asmoneus, que reinou na Judeia após a vitória dos Macabeus, impôs a circuncisão aos povos circunvizinhos conquistados (WEITZMAN, 1999), forçando uma homogeneização religiosa (DABROWA, 2010).

Desse modo, quando os cristãos negaram a necessidade de os gentios convertidos se circuncidarem, romperam com o judaísmo que, provavelmente, tomou essa atitude como uma concessão e desvirtuação à cultura grega, ou seja, deve ter percebido tal abertura como uma forma de "helenização", que havia sido combatida pelos Macabeus (tal como sugere o livro de 2 Macabeus, cf. SILVA, 2013) e por grande parte dos grupos judaicos, a exemplo dos fariseus. A opção entre "rejeitar qualquer compromisso com o helenismo ou admiti-lo e tolerá-lo como nova ordem imposta" (SCARDELAI, 2008, p. 110-111) era justamente uma das principais causas da existência dos vários partidos judaicos nos tempos de Jesus, dividindo-os entre os que rejeitavam a helenização, como os fariseus, e aqueles que, como os saduceus, estreitavam relações com os povos vizinhos, resultando em um sincretismo cultural (SCHUBERT, 1979, p. 16).

Pregando a liberdade em Jesus Cristo, a **circuncisão** foi rejeitada por Paulo e pelo cristianismo que, a despeito desta, afirmava a pertença dos gentios à nova religião e, inclusive, a filiação destes a Abraão e a sua vinculação às promessas de Deus feitas ao patriarca: "Não há mais judeu nem gentio, escravo nem livre, homem nem mulher, pois todos vocês são um em Cristo Jesus. E agora que pertencem a Cristo, são verdadeiros filhos de Abraão, herdeiros dele segundo a promessa de Deus" (Gl 3.28-29).

> **Saiba Mais**
>
> Inicialmente, os gregos não costumavam associar a circuncisão aos judeus, mas aos egípcios, uma vez que vieram a conhecer essa prática por meio destes, especialmente por uma descrição feita pelo historiador Heródoto. Entre os egípcios, somente os sacerdotes eram circuncidados, de modo bastante diferente dos judeus, que tinham essa prática como uma obrigação a todo judeu, fazendo parte da lei. Com o tempo, tanto gregos quanto romanos passaram a associar a prática da circuncisão aos judeus, especialmente após perceberem a importância desta para eles, que chegaram a realizar intensas revoltas quando a prática foi proibida, a exemplo da Revolta dos Macabeus (167–141 a.C.), fruto da imposição de Antíoco IV, e da Revolta de Bar Kochba (132–135 d.C.), aparentemente decorrente da proibição da circuncisão por Adriano (SMALLWOOD, 1958; SMALLWOOD, 1961). Gregos e romanos não entendiam como os judeus podiam ser tão apegados a essa tradição, percebida como uma mutilação desnecessária contra o prepúcio, uma parte do corpo que era tida como uma provisão da natureza e um importante elemento estético (HODGES, 2001). É por isso que Pseudo-Espartiano afirma que "os judeus começaram uma guerra por serem proibidos de sua mutilação genitália [*mutilare genitalia*]".

Quanto ao helenismo e à "helenização", ou seja, quanto à cultura grega e sua mistura com as demais culturas presentes no Império Romano (cultura helenística), os cristãos, de fato, perceberam-na de um modo bastante diferente da maioria dos judeus. Se os judeus lutavam — com pouco sucesso — contra a influência da cultura helenística, os cristãos "baixaram o escudo" para essa cultura majoritária, que já havia se tornado a cultura do próprio Império Romano, de modo que Roma havia se tornado "protetora do helenismo" (HIDALGO DE LA VEGA, 2006), uma vez que nesta "a civilização, a cultura, a literatura, a arte e a própria religião provieram quase inteiramente dos gregos ao longo do meio milênio de aculturação" (VEYNE, 1993, p. 14).

Mesmo os judeus já estavam imersos na cultura helenística, o que é particularmente evidente pela língua grega: afinal, além dos textos sagrados judaicos terem sido traduzidos para a língua grega na famosa Septuaginta e em outras traduções (como as de Áquila ou Teodócio), essa língua também era amplamente utilizada, inclusive dentro da própria Judeia. Um grande exemplo disso era a cunhagem de moedas judaicas, sob a dinastia dos Asmoneus, com inscrições em grego, como é o caso das moedas de Alexandre Janneu, rei da Judeia que ficou conhecido pela sua abertura à cultura helênica.

Figura 2 – Prutá de bronze de Alexandre Janneu (103-76 a.C.)

Moeda de bronze cunhada por volta de 103 -76 a.C. Anverso: Estrela de oito pontas com inscrição entre as pontas: "o rei Yehonatan" (em hebraico). Reverso: Âncora invertida ao centro cuja inscrição dizia: ΒΑΣΙΛΕΩΣ ΑΛΕΞΑΝΔΡΟΥ (em grego). Cunhagem de Jerusalém, 2.246 g., 15.9 mm., 95 -76 a.C. Referência numismática geral: Hendin 1150. Disponível em: https://www.forumancientcoins.com/catalog/roman-and-greek-coins.asp?param=40342q00.jpg&vpar=923&zpg=51353&fld=https://www.forumancientcoins.com/Coins2/. Acesso em: 1 dez. 2021.

    Como bem lembra Hans Debel, "a presença de inscrições gregas, nomes e palavras emprestadas em hebraico e aramaico a partir do século II d.C. adiante", bem como "os fragmentos gregos descobertos em Qumran, tudo demonstra que o grego era aprendido, entendido e ativamente usado na Palestina por volta da virada da Era" (DEBEL, 2010, p. 182). A língua grega, portanto, era o principal canal de influência da cultura helênica (grega), de modo que o próprio termo "helenismo" (grego: *Hellenismos*) tinha originalmente relação com o conhecimento do grego (JAEGER, 2002, p. 17).

    Segundo o testemunho do historiador judeu Flávio Josefo, as instruções enviadas por Roma à Palestina eram acompanhadas de uma tradução para o grego (DANIELROPS, 2009, p. 306) — o que indica o amplo uso dessa língua entre os judeus. Isso não significa um completo abandono do hebraico ou do aramaico, afinal, é bem provável que muitos judeus fossem bilíngues, falando tanto o aramaico quanto o grego (BAUMGARTEN, 2002). Até mesmo a Septuaginta, diferente do que indica seu "mito" de criação, pode ter surgido dentro do contexto judaico para cumprir propósito dentro das sinagogas (MOMIGLIANO, 1975, p. 91-92), pelo uso do grego nestas. E é bem possível que a atividade missionária de Paulo nas sinagogas tenha justamente sido baseada no uso da língua grega nesses contextos, de modo que Paulo não somente pregava em grego, mas também se utilizava da lógica argumentativa própria dos gregos (JAEGER, 2002, p. 19-20), indicando que esperava tal conhecimento por parte dos judeus da diáspora.

Mesmo assim, parece que havia certa divisão entre os judeus que aderiam ao uso do grego e aqueles que buscavam manter as tradições, evitando tal influência. Nessa perspectiva, pode-se inclusive interpretar o texto de Atos 6 como se referindo a uma contenda entre "os judeus de fala grega" e os "de fala hebraica" (At 6.1) quando Lucas fala dos "hebreus" e "helenistas" (como trazem algumas traduções). Segundo Werner Jaeger (2002, p. 18, nota 8), o termo "helenistas", que aparece em Atos 6, era o termo oficial entre judeus, depois, para dentro do próprio cristianismo, era utilizado como referência às pessoas que "já não falavam o seu aramaico original na sua terra, ainda que o entendessem, mas grego, por eles ou as suas famílias terem vivido no estrangeiro em cidades helenizadas durante muito tempo, tendo regressado depois à sua pátria". Sendo assim, "helenistas" seriam "os que se mostravam mais abertos com relação às influências do helenismo" (GONZÁLEZ, 2011a, p. 32). Trata-se, portanto, de uma denominação própria que indica uma divisão dentro do judaísmo que "foi transposta para o seio da Igreja Primitiva", como é explicado na Bíblia de Jerusalém (2013, p. 1911, nota b).

A Igreja cristã buscou combater essas divisões internas e, desde o início, valorizou a cultura helenística, fazendo amplo uso da língua grega. De fato, se pararmos para pensar, apesar de todo o Novo Testamento ter sido escrito em grego. Jesus falava o aramaico da Galileia (JEREMIAS, 2007, p. 19), ou seja, "o dialeto galileu do aramaico ocidental" (JEREMIAS, 1984, p. 17), que provavelmente se diferia inclusive do aramaico do sul da Palestina, com pronúncia, léxico e gramática diferentes (JEREMIAS, 1984, p. 18), e que era completamente diferente do grego e do hebraico.

Mesmo que Jesus possa ter utilizado o hebraico em Seu ensino particular a Seus discípulos, como *rabbi* ("mestre") destes, levando em conta Seu público-geral, que era formado por pessoas do povo comum, fica evidente que utilizou majoritariamente o aramaico, falado em Sua vida diária (DANIEL-ROPS, 2009, p. 305). Apesar do amplo uso do grego em toda a Judeia nesse contexto, tal língua era conhecida e falada por uma elite, ou seja, por políticos e comerciantes, por exemplo, mas não por pescadores e agricultores. Sendo assim, apesar do valor dos Evangelhos, é evidente que, nestes, "temos suas palavras na tradução grega, feita, pode-se presumir, por cristãos bilíngues que fizeram o possível para conservar o sentido" (DODD, 1976, p. 27) de tudo que Jesus disse.

A tradução das palavras e dos relatos da vida de Jesus para o grego não se deu nem pela qualidade linguística desse idioma nem por alguma razão de sacralidade da língua. Pelo contrário, o grego utilizado no Novo Testamento, chamado *"koinê"*, "comum", era um grego coloquial, deturpado pela influência de outros idiomas e de sonoridades orientais, mas que, apesar disso, "era uma língua útil e bem adequada ao papel internacional que viria a desempenhar" (DANIEL-ROPS, 2009, p. 307).

A razão de o Novo Testamento ter sido escrito em grego foi justamente a potencialização do material escrito, para que pudesse ser lido e conhecido pelo maior número possível de pessoas no menor tempo. Assim, não foi escrito na língua original de Jesus, o aramaico, mas na língua conhecida e falada pela maior quantidade de pessoas no Império Romano, o grego *koinê*, que já estava difundido pelo mundo mediterrânico desde o tempo de Alexandre, o Grande (BARR, 1989, p. 99). Desse modo, a existência de uma língua comum dentro do Império, assim como a adoção dessa língua pelo cristianismo nascente, contribuiu para que o Evangelho se expandisse e, de Jerusalém, chegasse até os confins da terra.

1.2 O que tem Atenas a ver com Jerusalém?

A aproximação cristã da cultura grega — particularmente evidente no fato de os seus escritos sagrados terem sido escritos em grego — não resultou somente na expansão do cristianismo, mas acabou efetivando também um afastamento do cristianismo em relação à religião judaica. Isso pode ser percebido, por exemplo, no modo como a obra missionária cristã foi realizada, intensificando uma tendência que já havia dentro do judaísmo e até mesmo a ultrapassando.

Antes de o cristianismo vir a existir, já existia um aspecto missionário dentro do judaísmo. Segundo o historiador Elias J. Bickerman, o povo judaico foi "o primeiro dos povos que conhecemos a abrir os portões aos prosélitos" (BICKERMAN, 1962, p. 18), ou seja, a pessoas convertidas. De fato, no anseio de que todos pudessem conhecer o verdadeiro Deus, os judeus entendiam o valor internacional de Jerusalém e de seu Templo. Isaías, por exemplo, o indica como "casa de oração para todos os povos" (Is 56.7). Israel, cumprindo seu papel de povo eleito, deveria ser o centro de devoção a Deus para o qual os demais povos seriam atraídos, uma vez que "o grande privilégio da escolha" acarretava "a pesada responsabilidade da missão" (GUSSO, 2000, p. 30).

Quanto à conversão, apesar do caráter nacionalista e étnico da religião judaica, esta já aceitava convertidos no tempo de Jesus. Tal aceitação é evidente pela transformação do termo grego *prosélytos* que, mesmo tendo originalmente o sentido de "estrangeiro", passou a ser utilizado, no tempo de Jesus, para designar todo aquele que, nascido gentio, se convertesse ao judaísmo (BIRD, 2010, p. 40). Ou seja, apesar de hoje o termo "prosélito" ter o sentido geral de indicar alguém que se converteu a uma religião, no tempo de Jesus era o termo próprio para designar o gentio que se convertia ao judaísmo.

Esses prosélitos parecem ter sofrido certos preconceitos, de modo que, antes de a conversão ser tida como um "novo nascimento" — como o será também no cristianismo —, podiam ser considerados como pessoas "sem pai" (por serem estrangeiros), e "filhos de prostitutas", além de não terem os mesmos direitos que os "judeus por nascimento" (JEREMIAS, 1983, p. 428), apesar de serem cobrados do cumprimento da lei integralmente, começando pela circuncisão.

Com o propósito de não cometerem os mesmos erros, Paulo buscou instruir os cristãos a entenderem que todo convertido ao cristianismo nascia novamente e, em Cristo, todos são iguais — as distinções étnicas, sociais e mesmo culturais devem ser apagadas: "não há diferença entre judeus e gentios, uma vez que ambos têm o mesmo Senhor" (Rm 10.12).

Por causa disso, a circuncisão, que servia como símbolo da conversão do prosélito — como forma de submissão à lei —, acabou perdendo o valor e deixando de ser praticada pelos cristãos, que viram **o batismo** como seu substituto (Cl 2.11-12), como marca da entrada de alguém ao "povo eleito". Também se pode dizer que a fé e a vivência do amor são marcas mais evidentes de conversão do que uma prática ritual: "Pois em Cristo não há benefício algum em ser ou não circuncidado. O que importa é a fé que se expressa pelo amor" (Gl 5.6).

> **Curiosidade**
>
> O batismo no cristianismo primitivo era consideravelmente diferente da prática atual, começando pelo fato de que as pessoas eram batizadas completamente nuas, recebendo vestes brancas quando saíam das águas batismais (GONZÁLEZ, 2004, p. 45). Segundo Stan-Michel Pellistrandi (1978, p. 173), o ritual de batismo dos primeiros séculos poderia envolver uma espécie de exorcismo pouco antes da descida às águas: virando-se para o Oeste, a região das trevas, os candidatos ao batismo deveriam renunciar a Satanás e, depois, voltados para o Leste, direção da luz, prestavam um juramento a Jesus Cristo.

Em outro sentido, apesar de os judeus estarem abertos à conversão de gentios à sua religião, não tinham uma tendência a buscar convertê-los. Ou seja, o proselitismo judaico, na Antiguidade, era uma abertura aos estrangeiros, mas não era verdadeiramente uma intenção de convertê-los, como será o proselitismo cristão (McKNIGHT, 1991, p. 117). Tal diferença, além de destacar a particularidade do caso cristão com uma proposta "universalista conquistadora", diferente tanto do paganismo quanto do judaísmo (VEYNE, 2011, p. 66), também resulta no próprio questionamento dos limites desse caráter "missionário" do judaísmo antigo, fazendo da pergunta "o judaísmo era uma religião missionária?", segundo o historiador Fergus Millar (1993, p. 299), "uma das maiores questões da história religiosa antiga".

Ao que tudo indica, os fariseus, que "atravessam terra e mar para converter alguém" (Mt 23.15), eram a exceção dentro da religião judaica, verdadeiramente entendendo que a missão deveria ser aplicada na busca do próximo e não apenas na abertura aos estrangeiros interessados. De modo semelhante, o livro de Jonas, em vez de indicar uma prática judaica de missão a outros povos, era uma espécie de crítica ao fato de que os judeus não assumiam sua responsabilidade de apresentar Deus aos demais povos.

Talvez, depois de 70 d.C., em parte pela influência cristã (GOODMAN, 1994), em parte pela força que o **farisaísmo** ganhou, e em parte pela nova dispersão dos judeus, o judaísmo tenha ganhado um aspecto missionário semelhante ao cristão. Porém, em sua busca pela evangelização de todos os povos e pessoas, de Jerusalém aos confins da Terra, o cristianismo se apresentou como um caso à parte na história, especialmente diferenciado do judaísmo pelo fato de que, além de aceitar estrangeiros, buscou incorporar a cultura destes, marcando uma ruptura sem precedentes entre cultura e religião, elementos que eram praticamente indissociáveis na Antiguidade. Não será à toa que a história do profeta Jonas terá cada vez mais importância tanto dentro do judaísmo como dentro do cristianismo, tornando-se um dos grandes símbolos da expansão dessas religiões e da missão de levar a mensagem divina ao mundo todo.

> **Curiosidade**
>
> Devido ao fato de não estar preso ao Templo de Jerusalém, como estavam os saduceus, ou mesmo ao nacionalismo da Judeia, como era o caso dos zelotes, com a destruição de Jerusalém, em 70 d.C., o grupo dos fariseus se tornou o principal grupo judaico, sem concorrentes. Pode-se inclusive afirmar que os fariseus prepararam o judaísmo para a situação pós-70 (SKARSAUNE, 2004, p. 119), possibilitando que tal religião continuasse a existir e se desenvolver após tamanha tragédia.

Figura 3 – Sarcófago "de Jonas" (século III d.C.)

Sarcófago cristão datado do século III d.C., 67 × 220 × 19 cm, feito de mármore, com a representação da história de Jonas, o qual se encontra atualmente no Pio Cristiano Museum, no Vaticano (Cat. 31448). Crédito da imagem: Wikimedia Commons. Fotógrafo: Sailko.

Enquanto o termo "judaísmo" (grego: *Ioudaismos*) se desenvolve como designação de uma religião permanecendo atrelado a "importantes elementos nacionais, étnicos e culturais" (BOYARIN, 2007, p. 71), cunhado especialmente como oposição à cultura grega (grego: *Hellenismos*) combatida pelos judeus

(RUPPENTHAL NETO, 2018), o termo "cristianismo" (grego: *Christianismos*) parece surgir mais próximo daquilo que hoje se compreende por "religião". Esse termo é resultado de um contraste justamente com o termo "judaísmo" (NOVENSON, 2014), tendo já um sentido marcadamente religioso. Ou seja, a distinção entre cultura e religião começa no judaísmo, que distingue culto e cultura (COLLINS, 2005, p. 43), mas se intensifica no cristianismo, que lhe dá um aprofundamento quase absoluto.

O cristianismo se apresentava, de fato, como uma espécie de "continuação" do judaísmo. Segundo o teólogo cristão Tertuliano, o cristianismo (no original em latim: *Christianismus*) teria começado justamente com o fim do judaísmo (latim: *Judaismus*), tendo tal transição se iniciado não com Jesus, mas já antes dele, com João Batista (*Adv. Marc.*, 4.338). É um exemplo, portanto, de uma realidade histórica: que o cristianismo se estabeleceu a partir da diferenciação em relação ao judaísmo (BOYARIN, 2004).

O sentido pretendido por Tertuliano vai além da oposição: afirmando que o cristianismo vem após o judaísmo, o teólogo está também lembrando aos seus leitores que a sua religião provém daquela. Tertuliano queria contestar a forte tendência de se adaptar e se relacionar o cristianismo à cultura grega (helenismo). Assim, fez lembrar das origens judaicas em contraste com a Grécia: "O que existe de comum entre Atenas e Jerusalém? Entre a Academia e a Igreja? [...] Que semelhança existe entre um filósofo e um cristão? Entre um discípulo da Grécia e um discípulo do céu?" (TERTULIANO *apud* PELLISTRANDI, 1978, p. 255-256).

Postura mais equilibrada parece ser a de Eusébio de Cesareia, que buscou definir o cristianismo não somente pela diferenciação com o helenismo, mas também com o judaísmo, afirmando que não é nem um nem outro, mas está "entre os dois" (Dem. Ev., 1.2). Assim, "reconhece a necessidade de definir o Cristianismo por estes outros" (JOHNSON, 2006, p. 219), indicando a importância deles na formação da identidade cristã.

Essas tentativas de diferenciação aconteceram em virtude do fato de que, efetivamente, o cristianismo se deu a partir de uma espécie de mistura da religiosidade judaica e da cultura grega. Apesar de "originalmente o cristianismo" se apresentar como "um produto da vida religiosa do judaísmo" (JAEGER, 2002, p. 15), ele cresceu e se fundamentou principalmente a partir de uma intensa relação com a cultura e a filosofia gregas, de modo que, quando houve uma "cristianização do mundo de língua grega", pelo crescimento do cristianismo, também houve uma "helenização da religião cristã" (JAEGER, 2002, p. 16), da qual a escrita do Novo Testamento em grego é somente uma pequena parcela.

Tal passagem da influência judaica para a influência grega pode ser percebida em dois eventos de fundamental importância. O primeiro evento foi a saída, por volta de 66 d.C., da comunidade cristã de Jerusalém para a cidade de Pella, na Transjordânia, em decorrência do início da primeira revolta judaica contra os romanos. Esse evento, aparentemente profetizado por Jesus conforme Mateus 24, marcou, "mais do que qualquer outro", segundo Jean Daniélou, "a quebra definitiva da igreja com o judaísmo" (DANIÉLOU, 1964, p. 38). Com o abandono da cidade sagrada à sorte, para a qual estava se direcionando, os cristãos de Jerusalém deixaram claro que sua fé não estava presa àquele lugar.

Saindo de Jerusalém, liderada por Simão, primo de Jesus, que havia sucedido a Tiago (DANIÉLOU, 1964, p. 38), aquela igreja cristã indicou estar em outra perspectiva messiânica, não mais presa à cidade de Jerusalém, tal qual estava a expectativa geral dos inúmeros movimentos messiânicos judaicos. Afinal, os membros destes esperavam que o Reino de Deus seria realizado politicamente com capital em Jerusalém. Esses movimentos não eram poucos nos tempos de Jesus (HORSLEY; HANSON, 2013) e, certamente, deixaram influências na Igreja. Porém, com a saída de Jerusalém, os cristãos indicavam o corte entre sua expectativa e a desses judeus. A ida de Jerusalém aos "confins da terra" foi, em parte, resultado das circunstâncias e não tanto a resposta imediata a um chamado de Jesus em Sua Grande Comissão.

O segundo evento, que marcou a intensificação da relação entre o cristianismo e a cultura grega, foi a pregação de Paulo na cidade de Atenas, relatada no livro de Atos (17). Nesse episódio, Paulo escolheu um novo lugar para pregar: depois de ir a uma sinagoga, como era de costume, foi ao Areópago, um local utilizado para o debate filosófico, sendo frequentado não pela comunidade judaica da cidade, mas pelos filósofos estoicos e epicuristas. Assim, Paulo já indica a mudança de público-alvo que aconteceria na Igreja. Paulo faz uma afirmação bastante pertinente em sua pregação: que um dos altares que viu em Atenas trazia a indicação "ao Deus desconhecido", e ainda: "Esse Deus que vocês adoram sem conhecer é exatamente aquele de que lhes falo" (At 17.23b). Por fim, para convencer seu público, chega a citar um poeta grego em sua pregação. Por tais elementos, a pregação de Paulo em Atenas "dividiu águas" na relação entre o cristianismo e a cultura grega.

    A pregação de Paulo, propagada pelo livro de Atos, abriu um caminho que foi trilhado e ampliado por muitos cristãos após ele. A lógica utilizada no uso do "Deus desconhecido" foi utilizada por vários teólogos com o intento de se afirmar que, antes de Jesus Cristo, já existia um cristianismo anônimo pelo mundo. Agostinho, por exemplo, afirma que "a substância daquilo que hoje nós chamamos de cristianismo existia já nos antigos e estava presente desde os primórdios da humanidade" (AGOSTINHO *apud* BOFF, 1972, p. 270). Justino, ainda mais explícito e estando crente de que o cristianismo era a continuação da filosofia grega, chegou a afirmar: "Todos os que vivem conforme o Logos são cristãos. Assim entre os gregos Sócrates, Heráclito e outros" (JUSTINO *apud* BOFF, 1972, p. 271). Desse modo, não somente se abre o cristianismo à filosofia grega, mas também afirma-se que a própria filosofia grega é também cristã. Caberá pensar, no próximo capítulo, se não teria o próprio cristianismo se helenizado a ponto de serem possíveis essas declarações.

Síntese do capítulo

Com intenção de cumprir a ordem de Jesus Cristo, de anúncio do Evangelho de Jerusalém até "os confins da terra", a Igreja cristã buscou utilizar as ferramentas disponíveis naquele contexto histórico para que a expansão da religião nascente se desse de maneira mais rápida. Nesse sentido, não somente os missionários cristãos buscavam pregar nas sinagogas judaicas ao longo do Império, procurando converter os judeus das comunidades judaicas da diáspora, mas também se tentou facilitar a conversão dos gentios, por meio de uma abertura à cultura grega, que resultou inclusive na escolha da própria língua grega para a escrita dos relatos a respeito de Jesus, conhecidos como Evangelhos. Desse modo, a Igreja cresceu rapidamente, deixando de ser uma seita do judaísmo e se constituindo na maior religião do mundo.

2. A IGREJA DA ALTA IDADE MÉDIA (SÉCULOS IV–X)

2. A Igreja da Alta Idade Média (Séculos IV–X)

Introdução

Este capítulo tem como objetivo principal apresentar as transformações decorrentes da conversão de Constantino e de suas ações, que resultaram de tal decisão pelo cristianismo. Será estudado, em um primeiro momento, como se deu tal conversão e como esta implicou o fim definitivo da perseguição ao cristianismo bem como suas consequências. Em um segundo momento, será apresentado como, a partir de Constantino, Igreja e Estado se aproximaram, assim como as consequências dessa aproximação, não somente pela paganização do cristianismo, mas também pela institucionalização e hierarquização da Igreja cristã.

2.1 Com este símbolo vencerás!

Certamente, um dos episódios mais importantes da história da humanidade foi a famosa batalha da ponte Mílvio, que ocorreu nas proximidades desse local no dia 28 de outubro de 312 d.C. Essa batalha se deu entre os dois imperadores romanos daquele tempo, Constantino e Maxêncio. Com a vitória do exército de Constantino, encerrou-se um período de 18 anos de guerra civil que dividia o Império entre os dois pretensos imperadores do Ocidente. Tal vitória possibilitou também algo inusitado na história: subiu definitivamente ao poder aquele que viria a ser o primeiro imperador cristão, Constantino.

Figura 4 – Representação da visão de Constantino

ESCOLA DE RAFAEL. A visão da cruz. 1520-1524. Museu do Vaticano.

    Segundo o historiador francês Paul Veyne, pode-se "atribuir a condição de data-limite entre a antiguidade pagã e a época cristã" (VEYNE, 2011, p. 16) para o dia 29 de outubro de 312, quando, após sua vitória na Ponte Mílvio, Constantino entrou solenemente na cidade de Roma, à frente de suas tropas, como vencedor e imperador do Ocidente. O famoso "Édito de Milão", que muitos costumam indicar como marco entre a Roma pagã e a nova fase da história (p.e.: PELLISTRANDI, 1976, p. 275), afirmando ser o marco do fim da perseguição ao cristianismo, na verdade "não é um **édito** e nem é de Milão" (VEYNE, 2011, p. 280).

> **Glossário**
>
> "Edito" ou "édito" é um anúncio oficial de uma lei determinada por um monarca. No caso do famoso "Édito de Milão", pode-se afirmar que não se trata de um édito propriamente dito pelo fato de que sua principal fonte (a obra *De Mortibus Persecutorum*, de Lactâncio) não o apresenta em formato de um édito, ou seja, de um anúncio monárquico oficial. O texto o apresenta como uma carta de Licínio, em nome deste e de Constantino, aos governadores das províncias que este havia recém-conquistado na vitória sobre Maximinus. Também não é propriamente de Milão pelo fato de a carta ter sido escrita na Nicomedia.

A perseguição já havia cessado em 30 de abril de 311, com o edito de tolerância de Galério, que "foi muito mais importante" (GONZÁLEZ, 2011a, p. 176). A tolerância do cristianismo não deve ser comparada ao verdadeiro "salto" adiante que foi a conversão de Constantino e sua ascensão ao trono. Afinal, com ele, o cristianismo passou a ser, além de tolerado, cada vez mais defendido e propagado pelo próprio Império.

Apesar de Constantino não ser quem concede a liberdade ao cristianismo, ele é aquele que dá tranquilidade a tal liberdade. Assim, pode-se afirmar que o fim das perseguições foi consequência da conversão de Constantino pelo fato de que "até então os cristãos tinham vivido em constante temor de uma nova perseguição, mesmo em tempos de relativa paz", de modo que somente "depois da conversão de Constantino esse temor se dissipou" (GONZÁLEZ, 2004, p. 35). O cristianismo entrou em uma nova fase, na qual "a igreja verdadeiramente encontrou paz" (MARROU, 1964, p. 237).

Segundo o próprio Constantino, os povos conquistados por ele "aprenderam" a temer a Deus, "porque sentiram pelos fatos que Deus em toda a parte estava em meu escudo e foi principalmente assim que eles conheceram Deus e o temem: é porque nos tememos" (CONSTANTINO *apud* VEYNE, 2011, p. 92, nota 18). Assim, Constantino deixa claro que, para ele, seu poder sobre o império era, de certo modo, um meio de propagação do conhecimento a respeito de Deus. A referência a Deus estar em seu escudo não é uma mera metáfora: além de imaginar a sua força como testemunho divino, Constantino está também fazendo alusão ao símbolo que seus soldados usavam nos seus escudos.

Segundo o relato do historiador cristão Eusébio, pouco antes da batalha da ponte Mílvio, Constantino teve uma revelação divina. Eusébio afirma que o imperador, pouco antes da batalha, em pleno meio-dia, recebeu um "sinal", que era a cruz, símbolo da vitória de Cristo sobre a morte, a qual apareceu resplandecente como sinal no céu, com uma frase que, apesar de Eusébio ter escrito em grego, ficou mais famosa em latim: *in hoc signo vinces*, ou seja, "com este símbolo vencerás".

O labarum
Ilustração: Thiago Alves

À noite, dormindo, Constantino teria visto Jesus Cristo em sonho, ordenando-lhe que fizesse uma insígnia pessoal para a batalha (VEYNE, 2011, p. 279). Ao que tudo indica (ODAHL, 1981), tal insígnia, demandada pelo próprio Cristo em sonho, era um símbolo consideravelmente novo, que ficou conhecido como *laba-*

rum (latim). O *labarum* também é chamado de "lábaro", "crisma", ou "Chi-Rô", por ser um símbolo formado pelas letras gregas *Chi* (X) e *Rô* (P) sobrepostas, que são as duas primeiras letras da palavra *Christós* (Χριστός), o termo grego para o título "Messias", aferido a Jesus. Por ser uma referência ao nome de Jesus Cristo, o *labarum* é um "cristograma", ou seja, um monograma que abrevia o nome de Jesus. O *labarum*, logo após o sonho de Constantino, teria passado a ser utilizado **nos escudos de seus soldados** e pelo próprio imperador em seu capacete, além de estar em grande parte das moedas cunhadas durante seu reinado.

> **Saiba Mais**
>
> Como lembra Paul Veyne, o símbolo "sobre o escudo não significava absolutamente que o soldado que o carregava se tinha tornado pessoalmente cristão" (VEYNE, 2011, p. 15, nota 5). O símbolo era carregado pelos soldados, mas dizia respeito a Constantino, como comandante das tropas. Não era necessário ser cristão para ser soldado de Constantino e portar o *labarum* que, em sua origem, era uma referência a Jesus Cristo. Na verdade, a maioria dos soldados de Constantino eram pagãos, até porque "o exército permanecerá por longo tempo um reduto do paganismo" (VEYNE, 2011, p. 15).

Figura 5 – Moeda de Constantino (317-337)

Moeda de bronze cunhada por volta de 317-337 d.C., 3.11g, possivelmente de Constantinopla. Anverso: Busto de Constantino, com coroa de louros, virado à direita, com inscrição na borda: CONSTANTI-NVS MAX AVG (*Constantinus Maximus Augustus*, título de Constantino como imperador). Reverso: Serpente na parte de baixo e um estandarte com o *labarum* no topo, tendo três medalhas e, aparentemente, empalando a serpente. Há inscrição horizontal: SPES PUBLIC (*Spes Publica*, "Esperança do povo") // CONS. Referência numismática geral: RIC Constantinople 19. Disponível em: https://s3.amazonaws.com/ccg-corporate-production/news-images/Bronze_coin_ConstantineI_tb.jpg. Acesso em: 1 dez. 2021.

Naquele momento, o cristianismo já utilizava inúmeros símbolos. Eles foram necessários pelo fato de que, por muito tempo, os cristãos não puderam se expressar de maneira explícita, em função da perseguição. O caso mais famoso certamente é o peixe, que, além de estar relacionado a Jesus e aos discípulos, que praticavam a pesca e "pescavam homens", também tinha um sentido especial pelo fato de que o termo grego para peixe, *ikhthýs* (ΙΧΘΥΣ), servia como acróstico (ΙΧΘΥΣ) para a frase "Jesus Cristo, filho de Deus, Salvador" (Ἰησοῦς Χριστός, Θεοῦ Υἱός, Σωτήρ). O peixe não era o único símbolo cristão e, alguns deles, inclusive, estiveram presentes e foram utilizados desde o começo do cristianismo, estando fortemente marcados pela relação com o judaísmo.

Este é o caso da palma, por exemplo, que era relacionada à Festa dos Tabernáculos judaica, um dos temas mais representados nas obras artísticas judaicas, e que foi apropriada pelo cristianismo como um símbolo da volta do Messias e até mesmo da vida eterna. Associados às palmas, também o *lulav*, ou seja, a folhagem da tamareira, e o *etrog*, a cidra amarela, assim como as coroas de ramos, utilizados no festival, serão presentes não somente na simbologia como também na liturgia cristã (DANIÉLOU, 1993, p. 27).

Dentro da cultura greco-romana, as coroas de louros eram **símbolos** de vitória e honra: na Grécia, eram coroados os vencedores das Olimpíadas e, em Roma, os generais vitoriosos recebiam essa honra. No caso do cristianismo, a coroa se torna símbolo de uma vitória espiritual bastante cedo, com Paulo: "Todos os que competem nos jogos se submetem a um treinamento rigoroso, para obter uma coroa que logo perece; mas nós o fazemos para ganhar uma coroa que dura para sempre" (1 Co 9.25, NVI). A coroa, portanto, não é uma coroa somente de vitória, mas também uma "coroa da vida" (Ap 2.10), uma vez que, além da honra e da glória, a coroa se tornou símbolo da vida eterna em Jesus Cristo.

> **Curiosidade**
>
> Vários outros símbolos eram utilizados pela comunidade cristã: o *pastor*, normalmente representado com uma ovelha sobre os ombros, símbolo do cuidado de Jesus, o "bom pastor" (Jo 10.11); o *orante*, ou seja, a figura de uma pessoa em sinal de oração, com os braços levantados aos céus, como símbolo da alma em paz no paraíso; a *pomba*, normalmente com um ramo de oliveira na boca, como símbolo de paz e recompensa, relembrando a história do dilúvio (Gn 8.11); o *pavão*, símbolo da vida eterna; o *barco*, símbolo da igreja, que conduz as pessoas ao destino de maneira segura; a *carruagem de Elias*, como símbolo da elevação da alma à vida celeste pelo batismo; o *arado* e o *machado*, como símbolos de associação à cruz; a *estrela*, associada ao nascimento de Jesus e a visita dos magos; dentre vários outros símbolos.

Sendo assim, a coroa ganhou um aspecto escatológico dentro do cristianismo, representando a volta de Cristo, relacionada à Festa dos Tabernáculos, e a concessão da vida eterna àqueles que realizaram a vontade de Jesus. É a recompensa concedida a todo cristão que vive conforme a vontade de Jesus, dando "frutos", como se pode perceber em um texto do Pastor de Hermas: "E o anjo do Senhor ordenou que fossem trazidas coroas. E coroas foram trazidas, feitas, por assim dizer, de palmas; e ele coroou os homens que haviam devolvido os galhos com ramificações e alguns frutos" (PAIS APOSTÓLICOS, 2017, p. 226). Após uma ressignificação da Festa dos Tabernáculos e da coroa por parte do judaísmo, que os utiliza como representação da esperança no judaísmo (GOODENOUGH, 1946, p. 158), o cristianismo aprofunda ainda mais o processo iniciado e faz da coroa o símbolo da vida eterna em contraste com as glórias desta vida e deste mundo.

FIGURA 6 – Estela funerária cristã (séc. III d.C.)

Estela funerária de Licia Amias. Obra de mármore do século III d.C., encontrada na necrópole do Vaticano, em Roma. Atualmente se encontra no primeiro andar do Epigraphical Museum (nº 67646). É uma das inscrições cristãs mais antigas. Além das inscrições, apresenta uma coroa de louros, no topo, dois peixes, à esquerda e à direita, e uma âncora[2] ao centro. A inscrição, horizontal, aparece na seguinte ordem, de cima para baixo: no topo, em letras latinas, DM, abreviatura de Diis Manibus, "aos Manes", referência de dedicação aos antepassados (Manes). Acima dos peixes, em grego: ΙΧΘΥΣ ΖΩΝΤΩΝ, "peixe dos vivos". Logo abaixo dos peixes, em latim: LICINIAE AMIATI BE/NEMERENTI VIXIT, "Licinia Amias merecidamente viveu...". Provavelmente o texto continuava em uma parte inferior da estela, que depois foi perdida. Note que há uso de duas línguas: latim e grego. No caso do grego, tal língua é utilizada restritamente à referência do "peixe

---

[2] A âncora, ao que tudo indica, servia como símbolo de confiança em meio à perseguição, assim como firmeza na fé a respeito da vida eterna, conforme Hebreus 6.19: "Essa esperança é uma âncora firme e confiável para nossa alma...".

(ΙΧΘΥΣ) dos vivos". Isso se dá provavelmente por causa da importância do termo grego como acróstico cristão – o que não ocorre no termo latino para peixe (piscis). Crédito da imagem: Marie-Lan Nguyen. Domínio público. Disponível em: https://pt.wikipedia.org/wiki/Ficheiro:Stele_Licinia_Amias_Terme_67646.jpg. Acesso em: 1 dez. 2021.". Isto se dá provavelmente por causa da importância do termo grego como acróstico cristão — o que não ocorre no termo latino para peixe (*piscis*). Obra de mármore do século III d.C., encontrada na necrópole do Vaticano, em Roma. Atualmente se encontra no primeiro andar do Epigraphical Museum (nº 67646). Crédito da imagem: Marie-Lan Nguyen. Domínio Público. Disponível em: <https://pt.wikipedia.org/wiki/Ficheiro:Stele_Licinia_Amias_Terme_67646.jpg>. Acesso em: 01 dez. 2021.

O *labarum*, diferentemente de todos esses outros símbolos, não servia para expressar a fé em um contexto de perseguição, mas para afirmá-la em um novo contexto: de defesa e oficialização do cristianismo. Não era um símbolo de catacumbas e cavernas, como os símbolos próprios do cristianismo quando perseguido — que utilizava esses ambientes como locais de culto na tentativa de evitar a perseguição. Pelo contrário, o *labarum* era um símbolo oficial, marcado nas moedas do Império, assim como nos escudos e estandartes das tropas imperiais, tornando-se inclusive um símbolo mais militar do que de fato cristão, chegando a ser utilizado até mesmo pelo usurpador romano Magêncio, um não cristão, por volta de 350 (MACMULLEN, 1984, p. 48). Com o tempo, o *labarum* perdeu tal aspecto militar e **permaneceu sendo utilizado no ambiente eclesiástico**, principalmente católico.

> **Prática**
>
> O *labarum* é um símbolo que foi e continua sendo utilizado pelo cristianismo, especialmente no contexto católico. Veja exemplos de *labarum* na internet e pense se você já viu esse símbolo em algum contexto religioso. Caso tenha oportunidade, verifique em igrejas (principalmente católicas) se o símbolo está presente.

O *labarum*, portanto, em contraste com os vários símbolos do cristianismo primitivo, nos faz pensar que, com Constantino, a Igreja toma um novo rumo e se transforma com tal profundidade, que ela nunca mais será a mesma, institucionalizando-se e alterando também, consequentemente, o próprio Império Romano. Por essa razão, a conversão de Constantino foi indicada em dois extremos: por um lado, houve aqueles que, crendo na ação e condução de Deus de toda a história humana, viram a conversão do imperador como o ponto culminante da história da Igreja; enquanto outros, céticos da genuinidade do imperador, chegaram a afirmar que Constantino "não passava de um político hábil que percebeu que vantagens poderia obter" com sua conversão a essa religião, como lembra Justo L. González (2004, p. 29-30).

Acontece que a realidade histórica é muito mais complexa do que esses dois extremos. Assim como é complicado exagerar a conversão de Constantino, que **somente se batizou no fim de sua vida**, no seu leito de morte, também é complicado negar a genuinidade de tal conversão. Trata-se de uma realidade entre ele e Deus, que somente o próprio Deus sabe a resposta.

Porém, a acusação de que Constantino teria utilizado o cristianismo como ferramenta política pode ser contestada por inúmeros fatos.

> **Curiosidade**
>
> Sendo incrédulo e, portanto, não crendo que a expansão do cristianismo foi fruto da ação de Deus, o historiador francês Paul Veyne enfatiza a importância de Constantino na história do cristianismo, afirmando que "sem Constantino o cristianismo teria permanecido uma seita de vanguarda" (VEYNE, 2011, p. 14). Ou seja, sem sua ação em prol da unificação da Igreja, o cristianismo teria continuado como uma espécie de seita do judaísmo, dividido entre várias perspectivas e sem a unificação para ser, de fato, uma religião. Ou seja, para Veyne (2011), Constantino é o responsável pelo fato de que "nosso mundo se tornou cristão", como sugere o título de seu livro sobre Constantino: *Quando nosso mundo se tornou cristão*. Para Veyne, sem Constantino, o cristianismo teria se perdido na história e não teria transformado o mundo todo, tal como o fez.

Em primeiro lugar, quando Constantino se converteu ao cristianismo, somente 5 ou 10 por cento da população do Império Romano era cristã (VEYNE, 2011, p. 11). Em segundo lugar, a conversão se deu "no pior momento possível" (GONZÁLEZ, 2004, p. 31), uma vez que a batalha da ponte Mílvio, para Constantino, seria realizada por soldados pagãos, que lutariam pela cidade de Roma, centro da tradição pagã romana, tendo como aliados os membros da aristocracia pagã (GONZÁLEZ, 2004, p. 31). Em terceiro lugar, o cristianismo existente no tempo em que Constantino se converteu não favoreceria a união de nenhum Império, uma vez que não era marcado pela união, mas pelas desavenças e, principalmente, pela divisão em inúmeras perspectivas diferentes e contrastantes, que geravam intensos debates e oposições internas. Era, portanto, uma Igreja dividida por heresias e seitas, que não poderia favorecer a união de um império que, apesar de estar dividido, era muito menos dividido que ela. Em vez de utilizar da Igreja para unir o Império, portanto, parece que **Constantino usou do poder imperial para unir a Igreja**.

> **Curiosidade**
>
> Uma possível explicação para a demora no batismo de Constantino é a crença de que, pelo batismo, os pecados anteriores eram automaticamente lavados, mas não necessariamente os pecados posteriores. Assim, pela crença de que "as águas da salvação lavariam todos os pecados que sua condição de mortal o tinham levado a cometer" (*Vida de Constantino*, 4.61.2, cf. VEYNE, 2011, p. 97), é provável que Constantino, sabendo que teria que cometer graves pecados enquanto imperador — tendo o poder de vida e morte em suas mãos —, pode ter decidido se batizar no momento de sua morte para potencializar a ação do batismo, tornando-o mais "efetivo" nos pecados a serem apagados. Ou seja, a demora no batismo pode ser explicada pelo conflito entre ser cristão e as "duras necessidades que envolvem ser imperador" (MARROU, 1964, p. 235), e não necessariamente pela falta de fé por parte de Constantino.

Assim, apesar de ser impossível afirmar com certeza, o contexto de Constantino indica que "o mais certo parece ser que Constantino cria mesmo no poder de Jesus Cristo" (GONZÁLEZ, 2004, p. 31), tendo realmente se convertido. De fato, algumas de suas ações parecem atestar sua conversão, uma vez que se pode pensar que ele era cristão "por todas as suas ações públicas, por suas guerras, por suas leis" (VEYNE, 2011, p. 133), ao mesmo tempo que outras ações, envolvendo-se em assassinatos, parecem questioná-la.

Seja como for, em vez de obrigar a conversão dos pagãos, impositivamente, ele favoreceu a unidade e a fundamentação da Igreja, convocando e presidindo o Concílio de Niceia, em 325, além de dar apoio financeiro à Igreja, construir basílicas, conceder certos privilégios ao clero e, inclusive, instituir leis de caráter cristão. Desse modo, pode-se afirmar, com Franklin Ferreira, que Constantino "não utilizou a fé cristã, mas serviu-a" (FERREIRA, 2013, p. 65).

Tal "serviço" à igreja se deu com as cores próprias de um serviço prestado por um imperador. Assim, se Constantino favoreceu a igreja convocando o Concílio de Niceia, almejando definir questões de doutrina e crença, também interferiu consideravelmente neste, colocando-se na função de presidência. Apesar de, nesse contexto, ele nem mesmo ser batizado — tendo sido batizado somente em seu leito de morte —, Constantino pretendia ter "direitos indefinidos, informais e extensos sobre a Igreja" (VEYNE, 2011, p. 137), fazendo-se "protetor e propagandista da fé", ao mesmo tempo que "acrescenta a Igreja a tudo aquilo que o Império comportava" (VEYNE, 2011, p. 138), fazendo da própria Igreja um assunto de Estado.

2.2 Dai a César o que é de Deus!

Independentemente de ter tido, ou não, essa intenção, a presidência do Concílio de Niceia por Constantino acabou se tornando a primeira etapa de um processo maior, no sentido de institucionalização da Igreja cristã e, conjuntamente a isso, de aproximação entre essa Igreja e o Estado romano. Ao longo dos séculos seguintes, tal processo se intensificou cada vez mais, até que, em vez de ter um imperador cristão, como Constantino, o próprio Império Romano se tornou cristão, com Teodósio. Ele "terá sua importância na consumação do processo do qual Constantino é o autor e inventor" (RUPPENTHAL NETO, 2013, p. 139). Porém, entre Constantino e Teodósio há um caminho não tão simples.

Constantino, em seu reinado, não obrigou ninguém a se converter ao cristianismo nem perseguiu o paganismo. Antes, limitou-se a ações como a instituição do repouso dominical, em 321 (VEYNE, 2011, p. 152). Tal repouso deveria se dar no "dia do sol" (latim: *dies solis*), modo pelo qual o domingo era conhecido entre cristãos e pagãos. Isso não foi, como alguns sugerem, uma paganização do cristianismo — pelo contrário, foi um passo no sentido de cristianização do paganismo, uma vez que o "dia do sol", o primeiro dia da semana, já era utilizado pelos cristãos para realização de seu culto e da santa ceia. Deste modo, não foi o domingo que se tornou "dia do sol" mas, antes, o "dia do sol"[3] que se tornou "dia do Senhor"[4] (latim: *dies Dominicus*), expressão antes já utilizada (Ap 1.10), "porque, segundo a tradição, este foi o dia da ressurreição do Senhor" (WALKER, 2006, p. 123). Constantino, portanto,

---

3 O termo para domingo em algumas línguas carrega ainda o sentido de "dia do sol", como é o caso do termo inglês *Sunday*, formado pelos termos para Sol (*Sun*) e dia (*day*), assim como o termo alemão *Sonntag*.

4 O termo para domingo em certas línguas apresenta o novo sentido de dia dedicado ao Senhor, como é o caso do próprio termo em português, domingo, que provém do latim *dies Dominicus*, "dia do Senhor", assim como os termos em italiano (*domenica*) e em francês (*dimanche*).

institucionalizou uma prática já existente e consolidada na Igreja cristã, favorecendo os cristãos pela legitimação do repouso dominical já praticado por eles.

Após Constantino, a relação entre Igreja e Estado tomou rumos diferentes, principalmente pelo fato de que a adesão do imperador ao cristianismo se tornou, de exceção, uma verdadeira regra. Quando essa regra foi quebrada, o imperador pagão que veio a assumir o trono, Juliano, conhecido como "o apóstata", tentou inclusive reverter o processo, promovendo o paganismo nos poucos anos em que esteve no poder, entre 361 e 363. Nesses anos, restaurou o paganismo como religião estatal e tentou fazer com que a transformação iniciada por Constantino se tornasse somente um "parêntese" na história (VEYNE, 2011, p. 166).

Por fim, tal parêntese foi definitivamente reaberto e o processo selado por outro evento tão importante quanto a batalha da ponte Mílvio, que foi a batalha do rio Frígido. Em 394, as tropas de Teodósio, pretenso imperador cristão, enfrentaram o exército de Eugênio, candidato a imperador que contava com o apoio da aristocracia pagã de Roma. Com a vitória de Teodósio no rio Frígido, em 394, a derrota do "partido pagão" em campo de batalha acabou sendo, também, "o fim definitivo do paganismo" (VEYNE, 2011, p. 171), uma vez que o imperador vencedor, além de ser cristão, já havia inclusive proibido, em 392, o paganismo.

Porém, tão interessante para o estudo da relação entre Igreja e Estado, quanto tal vitória no rio Frígido, foi o que aconteceu, segundo a tradição, logo depois: apesar de a vitória ter libertado o império de um regime paganizador, Ambrósio, bispo de Milão, negou ao próprio imperador Teodósio a ceia, barrando sua entrada na catedral de Milão, afirmando que ele devia primeiramente expiar o sangue que derramara. Deste modo, a imposição do bispo "sugeriu que o cargo imperial se achava então sujeito à supervisão moral e espiritual da Igreja" (ANGOLD, 2001, p. 24).

Figura 7 – Santo Ambrósio barrando Teodósio I da catedral de Milão (1619-1620)

VAN DYCK, Anthony. **Santo Ambrósio barrando Teodósio da Catedral de Milão**. ca. 1619-1620. 1 original de arte, óleo sobre tela, 147 × 114 cm. National Gallery, Londres (NG50). Crédito da imagem: Wikimedia Commons/The Yorck Project. Domínio público.

Tal ocorrido não era um caso à parte na história, mas foi o resultado do modo como Igreja e Estado se relacionavam no final do século IV, iniciado com Constantino, e que culmina no reinado de Teodósio. Apesar de Constantino ter presidido sobre um concílio e ter direcionado a Igreja em seu tempo, nenhum de seus sucessores comandará a Igreja, mas "terão o direito" e até mesmo o dever "de sustentar a verdadeira fé" (VEYNE, 2011, p. 211).

É interessante notar que, nesse contexto, há uma completa inversão da relação entre Igreja e Estado dos tempos de Jesus aos tempos de Teodósio. Nos tempos de Jesus, no início do primeiro século, o Estado e principalmente o Império Romano se colocaram contra o cristianismo nascente, a ponto de o próprio Jesus Cristo ser morto, não pelos judeus — como há quem pense —, mas pelos romanos, como fica claro pela forma como Ele morreu: a crucificação, uma punição que era romana, e não judaica (CULLMANN, 1968, p. 37), destinada aos inimigos do Império, como os revolucionários. No fim do século IV, com Teodósio, a Igreja não somente era defendida pelo Império Romano, mas também havia se tornado a religião oficial, tendo tal importância que um bispo, por sua autoridade espiritual, pôde barrar a entrada do próprio imperador em uma catedral.

Apesar de tal diferença, pode-se dizer que, em considerável medida, procurou-se manter a diferenciação entre Igreja e Estado conforme uma interpretação sobre a indicação do próprio Jesus Cristo em Sua famosa afirmação a respeito do pagamento de impostos: "Então deem a César o que pertence a César, e deem a Deus o que pertence a Deus" (Mt 22.21). Por trás das promoções da Igreja por parte dos imperadores, na defesa da fé e mesmo no respeito à autoridade espiritual, pode-se ver "César dando a Deus o que se deve dar a Deus" (VEYNE, 2011, p. 211). Inversamente, com o apoio da Igreja àqueles que buscavam apoiá-la pelo poder imperial, entendia-se que "o próprio Deus se encarregava de dar a César o que era de César" (VEYNE, 2011, p. 212).

Porém, cada vez mais esses limites ficaram fluidos, de modo que a relação entre Igreja e Estado fez com que

"Deus" (ou melhor, a Igreja) e "César" (ou seja, o Estado) deixassem de "agir cada um a seu modo", até que "Deus passou a ter peso para César", de tal forma que "o cristianismo pedirá aos reis o que o paganismo jamais pedira ao poder" (VEYNE, 2011, p. 219): a atuação direta na promoção da expansão do culto e submissão por meio de serviço à majestade divina. Ou seja, será um dever do Estado servir à Igreja, como indicou Agostinho de Hipona ao afirmar que o dever do imperador é "ampliar tanto quanto possível o culto de Deus e se pôr a serviço da majestade divina" (*Cidade de Deus*, 5.24).

Inversamente, também o poder estatal passou a cobrar uma submissão com aval e justificação espiritual, afirmando-se como representação divina no mundo. Um dos grandes exemplos disto se deu dentro do Império Bizantino, a continuação do Império Romano do Oriente, herdeiro de Constantino ao ponto de sua capital, Constantinopla, levar seu nome, por ter sido fundada por aquele imperador. Na ideologia bizantina, sendo Jesus Cristo o "Rei dos reis" (Ap 19.16; em grego: *basileus basileon*), o imperador (grego: *basileus*) era tido como servo de Cristo e representante de Cristo na Terra, sendo o "vice-regente do Deus cristão na terra" (ANGOLD, 2001, p. 25), representando Deus perante o povo e o povo perante Deus (RUPPENTHAL NETO, 2012).

No caso do Império Bizantino, portanto, pela "mentalidade cristã bizantina", havia uma "fusão do material e do espiritual", como lembra Hilário Franco Jr. (1985, p. 20), cuja consequência foi, inclusive, uma concepção "de um Estado que era uma organização celeste na Terra". Consequentemente, "se o império é o reflexo terrestre do reino de Deus, o imperador deve desempenhar nele o papel de Cristo" (DUCELLIER, 1994, p. 132), sendo por isso considerado o "homem de Deus governando o mundo" (ROTH, 1930, p. 11), "o eleito de Deus, o ungido do senhor, o representante de Deus sobre a terra" (DIEHL, 1961, p. 82).

É por isso que Cirilo se refere ao imperador Teodósio como a "imagem de Deus na terra" (RUNCIMAN, 1978, p. 37), e as moedas do imperador Justiniano II (669–711 d.C.) trazem não somente a imagem de Cristo com a legenda *Rex regnantium*, "Rei dos reis" (em latim), mas também a imagem do imperador segurando uma cruz e tendo a legenda *serv[us] Christi*, "servo de Cristo" (em latim), a qual servia como um "essencial meio de propaganda real e imperial" (ANGOLD, 2001, p. 58). A concepção estatal bizantina era, portanto, uma "teocracia" (RUNCIMAN, 1978), estabelecendo-se como representação do poder celeste na Terra, de modo que se afirmava que cabia também a "César" o que é devido a Deus. Assim, crendo no imperador como representação de Cristo, poderíamos dizer, invertendo as palavras de Jesus, que a ideologia bizantina defendia o seguinte princípio: "Dai a César o que é de Deus!".

Figura 8– *Solidus* de ouro de Justiniano II (685-695)

Moeda de ouro datada de 685–695 d.C., cunhada em Constantinopla por Justiniano II. Anverso: busto de Cristo com longos cabelos, barba e os Evangelhos na mão esquerda, além de uma cruz no fundo. Inscrição em latim: IhS CRISTOS REX REGNANTIVM, "Je[su]s Cristo, Rei dos reis". Reverso: Justiniano de pé, coroado e com louros, segurando uma cruz com sua mão direita e uma *akakia* (rolo de pergaminho cerimonial) com a mão esquerda. Inscrição em latim: IVSTINIANVS SERV[US] CHRISTI, "Justiniano, servo de Cristo". Referência numismática geral: SBCV 1248. Crédito da imagem: http://www.cngcoins.com/Coin.aspx?CoinID=85852.

De modo semelhante, também os elementos rituais e os próprios cultos podem ser pensados como indícios da relação entre Igreja e Estado, não somente no caso bizantino (TAMANINI, 2016), mas também na reconfiguração geral da religião cristã no que diz respeito a esses aspectos. Quanto às práticas cristãs, pode-se dizer que a relação entre Igreja e Estado resultou tanto na "cristianização" do Império Romano como na "paganização" do cristianismo.

Se até chegar a Constantino as pessoas se tornavam cristãs pela conversão — como foi o caso do imperador —, depois, com a institucionalização da fé cristã, "a pessoa passa a nascer cristã como se nascia pagão"

(VEYNE, 2011, p. 178).

Muitos, portanto, tornam-se cristãos a despeito de haver uma conversão sincera a essa religião, de modo que mantêm práticas pagãs que se instalam no cristianismo e o afetam, tornando-o uma religião habitual e ritual, como o paganismo. Na realidade, é neste contexto que surge o termo "paganismo", proveniente do latim *paganus*, "camponês": afinal, é no contexto rural que permanecem, mesmo em meio ao cristianismo, inúmeras práticas das antigas religiões, e mesmo das religiões dos povos bárbaros que virão a invadir o Império Romano a partir do século IV de Constantino. Em vez dos deuses, foram práticas de magia e superstição que fizeram com que elementos do antigo "paganismo" fossem mantidos ao longo da Idade Média e até recentemente, a exemplo de culto das árvores, culto das fontes etc. (LE GOFF, 2010, p. 21).

Se no começo os cultos cristãos se davam dentro de casas particulares, depois passando aos cemitérios e às catacumbas (GONZÁLEZ, 2004, p. 37), por volta do final do século 3, parece que começaram a surgir, de fato, "igrejas", ou seja, lugares dedicados ao culto cristão. Um dos exemplos mais antigos é a igreja de Dura-Europos, na Síria, a qual ficava bastante próxima da famosa sinagoga de Dura-Europos e que apresenta algumas decorações e pinturas murais que parecem ter tido influência daquela sinagoga, repleta de afrescos.

Após Constantino, não somente em função do fim da perseguição, mas também pelo início do financiamento da Igreja por parte do Império Romano, multiplicaram-se as igrejas ao longo do império e, depois de certo tempo, estas passaram a se caracterizar pelo requinte, pela ornamentação e, inclusive, pela opulência. Assim, a igreja medieval se tornou a igreja das catedrais, mas também a igreja das vestimentas luxuosas, da ostentação e da riqueza, a exemplo do que se pode ver não somente no Vaticano, mas também em várias partes do mundo.

Desse modo, a relação com o Estado permitiu que a Igreja crescesse e se desenvolvesse à medida que se institucionalizava e se hierarquizava. Pela relação se dar com o Império Romano, essa hierarquização gerou uma proeminência do bispo de Roma sobre os demais, chegando a ser considerado o líder máximo da Igreja, usualmente conhecido como "papa". Com a existência de Constantinopla, a "Nova Roma", muitas vezes coexistiu, como "papa" rival do bispo de Roma, o bispo de Constantinopla, até que, em 1054, a igreja definitivamente se dividiu — tal como o Império Romano havia se dividido, séculos antes — entre a Igreja Católica Apostólica Romana, no Ocidente, e a Igreja Católica Apostólica Ortodoxa, no Oriente, com o famoso "Cisma".

Síntese do capítulo

Entre a batalha da ponte Mílvio, com Constantino, e a batalha do rio Frígido, com Teodósio, houve uma aproximação entre Igreja e Estado, que veio depois a marcar todo o período medieval. Essa relação, além de afetar a política imperial, afetou também a própria Igreja, que se institucionalizou e até mesmo se hierarquizou, fazendo com que o bispo de Roma e, depois, o bispo de Constantinopla se percebessem como superiores aos demais, resultando na instituição do papado. A própria prática do cristianismo mudou, não mais sendo marcada pelos cultos nos lares e nos cemitérios, mas nas reuniões em locais cada vez maiores e mais opulentos, desde as igrejas até as enormes catedrais construídas durante a Idade Média. Assim, se a conversão de Constantino permitiu, de fato, que o cristianismo viesse a crescer, como indicou o historiador Paul Veyne, também tal crescimento teve o seu custo, que pode ser entendido como a "paganização" do cristianismo, que ocorreu paralelamente à "cristianização" do Império Romano.

3. A IGREJA DA BAIXA IDADE MÉDIA (SÉCULOS X–XIV)

3. A Igreja da Baixa Idade Média (Séculos X–XIV)

Introdução

Este capítulo tem como objetivo apresentar os aspectos principais da sociedade medieval, que envolvem a divisão dos três ofícios; a transformação em relação à guerra, com o surgimento da ideia de "Guerra Santa", promovida pelas Cruzadas; e o combate àqueles que eram vistos como agentes de Satã, ou seja, muçulmanos, judeus e hereges. Tais mudanças, porém, parecem ter decorrido de transformações no que diz respeito à ideia de Deus, cuja percepção mudou ao longo dos séculos. Tão importante quanto estudar a sociedade medieval, portanto, é estudar o imaginário medieval, a partir do qual se relacionam aspectos do cotidiano e da realidade espiritual aos aspectos fantásticos, expressos em representações que, além de mostrarem a criatividade daquelas pessoas, evidenciam o modo como viam aos outros e a si mesmos.

3.1 O estandarte da cruz

Dos tempos de Constantino até os tempos medievais, muita coisa mudou: além de se cristianizar, o Império Romano também veio a declinar em seu poder e, por fim, ruir completamente. De fato, após a morte do imperador Teodósio, o Império Romano nunca mais foi o mesmo, atravessando um longo período dc insegurança (URBANO, 2008, p. 215).

Em sua famosa obra *Declínio e Queda do Império Romano*, o historiador Edward Gibbon tentou apresentar alguns elementos que contribuíram para o processo de decadência de Roma, culminando no fim do Império. Muitos foram os fatores decisivos, de modo que é possível cogitar, inclusive, o próprio cristianismo como causa, apesar de ser impossível afirmarmos que esta ou aquela foi a principal razão. Dentre as razões normalmente indicadas, um exemplo importante é a abertura do Império Romano aos bárbaros, inicialmente com a permissão destes no exército (FERREIRA, 2013, p. 72), de modo que, ao invés de "romanizar" os territórios bárbaros, o próprio Império Romano começou a se "barbarizar", recebendo fortes influências culturais dos vários povos bárbaros.

Os sinais da decadência de Roma, porém, não tardaram após Constantino: já em 410 d.C., por incrível que pareça, a poderosa Roma se curvou perante uma forte invasão bárbara, de modo que a própria cidade de Roma, "o coração simbólico do Império", como lembra Franklin Ferreira (2013, p. 83), uma vez que a capital do Império Romano do Ocidente era a cidade de Ravena, foi capturada e saqueada pelos bárbaros godos, liderados por Alarico. Mesmo assim, a surpresa por parte dos habitantes do império foi gigantesca, afetando inclusive Agostinho, que vivia no norte da África, local aonde chegaram inúmeros refugiados da Roma destruída, o qual escreveu um número considerável de sermões sobre a queda de Roma (SANTO AGOSTINHO, 2013). Como escreveu Carlota Miranda Urbano:

> No verão do ano 410, a cidade de Roma, o coração vital do mundo romano, o baluarte inviolável de uma civilização que se reconhecia milenar, é invadida, ferida e humilhada por um exército de bárbaros. Aquela que a história tinha consagrado como cabeça do império e que a literatura imortalizara como Roma "A eterna", que os romanos, cris-

> tãos ou pagãos, consideravam sagrada, tinha sido profanada. Durante três dias arderam edifícios notáveis, como a própria Basílica Júlia, as igrejas foram pilhadas, houve roubos, violações e mortes. Muitos habitantes de Roma abandonaram as suas casas e os seus bens como puderam e o norte da África foi recebendo, com os refugiados, a notícia inacreditável da catástrofe. (URBANO, 2013, p. 17).

As muralhas levantadas para proteger o império dos povos bárbaros, a exemplo da famosa muralha de Adriano, na Grã-Bretanha, estavam sendo ultrapassadas, e os poderosos romanos recuavam diante do avanço de inúmeros povos. No Oriente, a parte oriental do Império — o famoso Império Bizantino —, tendo seu centro em Constantinopla, avançava, mas não sem sofrimento, tendo em 378, por exemplo, o seu imperador morto nas mãos dos godos, que chegaram às muralhas da capital, mas não a invadiram.

Mediante tais incursões, não houve apenas saques, como também ocupações no que já havia sido território romano. Assim, os vários povos que os romanos tomavam pejorativamente como "bárbaros", não somente entraram pacificamente na sociedade romana, mesclando-se a esta pela participação no exército e, cada vez mais, no ambiente cultural como um todo, bem como invadiram vilarejos e cidades, vindo a estabelecer uma relação bastante ambígua e complexa. Como bem indicou Justo L. González (2011b, p. 229), "muitos deles cruzaram as fronteiras com a permissão do Império, para estabelecer-se como 'federados'", enquanto "outros, mesmo a princípio sendo invasores, colocaram suas armas a serviço do Império contra algum outro povo bárbaro". Ou seja, entrando pacificamente ou invadindo, os povos bárbaros buscavam fazer parte do Império Romano, absorvendo-o e transformando-o, de dentro para fora. Se o Império acabou ruindo, tal não era a intenção dos bárbaros, uma vez que "seu propósito não era destruir a civilização romana, mas participar de seus benefícios" (GONZÁLEZ, 2011b, p. 229).

    Não será sem razão que os líderes bárbaros terão atitudes que deixarão explícito não somente o quanto admiravam Roma, como também seu desejo de reconhecimento cultural por parte do Império em decadência. É bem possível, por exemplo, que quando Átila, rei dos hunos, exigiu a mão de Honória, irmã de Valentiniano III, imperador do Ocidente, em casamento, tenha intencionado não somente adquirir poder sobre metade do Império — como propôs —, mas também ser incorporado ao poder imperial, a fim de ter o devido reconhecimento. Assim, o rei dos hunos, que saqueavam inúmeras vilas e cidades romanas disparando seus arcos montados em cavalos, poderia ser "bárbaro", por não ter sido educado na cultura greco-romana, porém, nem por isso deixou de ter diálogo com Roma, como fica evidente em um enigmático episódio: quando Átila se encontrou com três emissários do imperador do Ocidente, dentre os quais estava o papa, Leão I, "o Grande".

Figura 9 – O encontro entre Leão I e Átila (1514)

SANZIO, Rafael. **O encontro entre Leão, o Grande e Átila**. 1514. Stanza di Eliodoro, Palazzi Pontifici, no Vaticano. Crédito da imagem: Es Academic/Wikimedia Commons. Domínio público.

O resultado dessa relação ambígua, da qual Átila é um exemplo, foi, a longo prazo, a formação de inúmeros reinos bárbaros dentro do antigo território romano. Assim, o norte da África, por exemplo, que no tempo de Agostinho pertencia ao Império Romano, do qual ele se via parte, passou a ser, mesmo que por pouco tempo, o território do reino dos vândalos, cujo império tinha como capital a famosa cidade de Cartago, conquistada em 439. Além de expandirem o território, porém, também avançaram com saques, chegando inclusive a tomar a cidade de Roma, em 455, realizando um grande estrago na antiga capital do Império Romano.

De modo semelhante, na Espanha formou-se o reino visigodo; na Grã-Bretanha, o reino dos anglo-saxões; na região da Itália e vizinhança, o reino dos ostrogodos; e na Gália, região da atual França, formou-se o reino franco, particularmente importante na história. Tal reino começou pagão, apesar de ter recebido influências da cultura romana. Porém, durante a dinastia dos **carolíngios**, os reis francos começaram a estreitar relações com a Igreja, especialmente com Carlos Martel, que conteve o avanço dos muçulmanos, e Pepino, "o breve", que se deixou ser coroado pela unção do bispo Bonifácio, sob ordem do papa daquele momento, o Papa Zacarias.

> **Glossário**
> Os carolíngios foram uma dinastia de reis francos que governaram boa parte da Europa entre 751 e o século X, iniciando, portanto, com a coroação de Pepino, "o breve", como "rei dos francos" pelo papa Zacarias, em 751. O mais importante dos carolíngios foi Carlos Magno.

Assim, Leão e Zacarias foram dois papas importantes dentro da história da constituição do poder papal: o primeiro, sendo considerado "o primeiro 'papa', no sentido corrente do termo" (GONZÁLEZ, 2011b, p. 263), e o segundo sendo o papa que, além de autorizar a unção de Pepino, já havia se colocado no caminho de Luitprando, filho de Carlos Martel, quando este avançava contra os territórios cristãos, tal como Leão fez com Átila. Porém, o maior passo foi dado pelo papa Leão III que, contra todos os precedentes, decidiu coroar Carlos Magno, rei dos francos e dos lombardos, como "imperador". Tal ato foi realizado na Igreja de São Pedro, em Roma, no Natal do ano de 800, quando o título de "imperador" reapareceu. Afinal, este era inexistente no Ocidente desde 476, quando Rômulo Augusto, o último imperador do Ocidente, abdicou.

Como novo imperador de um Império que havia acabado, Carlos Magno se tornou um verdadeiro herói. Conforme relata o historiador Jacques Le Goff (2009), chegou a surgir na Idade Média uma fascinação pelo corpo de Carlos Magno, após sua morte, ao ponto de terem sido feitas exumações não somente no período medieval, bem como posteriormente, inclusive em 1998.

A exumação mais famosa, porém, deu-se no ano 1000, quando, segundo a tradição, o imperador Otto III, que se via como sucessor de Carlos Magno, decidiu procurar o cadáver dele e vê-lo, após um sonho que tivera. Segundo o relato duvidoso de um cronista de Novalese, o corpo do antigo imperador não estava apenas sentado, mas quase intacto, faltando somente o nariz (quase duzentos anos depois da sua morte), de modo miraculoso:

> Nós entramos e postamo-nos diante de Carlos. Ele não estava deitado, como é de costume com o corpo dos outros mortos, mas sim sentado em uma cátedra, como se estivesse vivo. Sua cabeça estava coroada com uma coroa de ouro. Suas mãos seguravam o seu cetro e estavam vestidas com luvas, as quais se encontravam furadas pelas unhas, que cresceram. Acima dele situava-se um baldaquino de pedra e mármore, do qual tivemos de quebrar uma parte para podermos passar. Quando entramos, o cheiro era muito forte. Ajoelhamo-nos e adoramo-lo. De imediato, o imperador Oto vestiu-o com roupas brancas, cortou suas unhas e arrumou o que estava em desordem ao redor dele. A decomposi-

ção não afetara os membros, estivesse faltando um pedaço do nariz, o qual o imperador prontamente mandou cobrirem com uma folha de ouro. Ele pegou um dente na boca, mandou recolocarem no lugar o baldaquino, e foi-se (*apud* LE GOFF, 2009, p. 62).

Com este e outros relatos, somados à imaginação criativa dos medievais, Carlos Magno se tornou um verdadeiro mito, cuja excepcionalidade seria evidente pelo seu peculiar cadáver. Um exemplo que ilustra a importância da coroação de Carlos Magno por Leão III.

Afinal, por um ato corajoso em 800, Leão III mostrou ao Ocidente que a lembrança do antigo Império Romano não havia se apagado. Mais de um século depois, em 962, a coroação de Oto I como imperador pelo papa João XII "seguia a mesma linha de Carlos Magno", como lembra Michel Parisse (2006, p. 610), prosseguindo em um novo caminho que marcaria o Ocidente medieval. Paralelamente, o Império Romano Oriental permanecia existindo ao longo de toda a Idade Média, até 1453, quando ocorreu a queda de Constantinopla diante do avanço muçulmano.

É difícil definir quando o Ocidente deixou de ser romano e se tornou algo diferente. Afinal, a história é mais complexa e fluida do que os livros costumam indicar. As próprias nomenclaturas, por mais que ajudem na visão de conjunto e na linearidade da história, podem prejudicar. Assim, afirmar que no século IV o mundo se tornou efetivamente "medieval" pode levar muitos a uma visão errada. Por causa disso, muitos historiadores, como o medievalista francês Jacques Le Goff (2010, p. 17) e o historiador brasileiro

Renan Frighetto, procuraram valorizar a importância da cultura romana e de seu legado no século IV e mesmo nos séculos seguintes, com o uso da expressão "Antiguidade Tardia" para o que muitos costumam indicar como "Alta Idade Média".

Porém, esse segundo termo pode ser bastante apropriado quando se estuda os tempos entre Constantino e Teodósio como antecipação das grandes transformações que viriam a ocorrer principalmente a partir do século X, a exemplo do aprofundamento da relação entre Igreja e Estado. Seja como for, o período entre os séculos II e VIII (ou IV e X, segundo algumas marcações) é, com certeza, uma "época de transformações" (FRIGHETTO, 2012). Tais transformações são tanto profundas quanto amplas, de modo que, para além de uma passagem "da Antiguidade ao feudalismo" (ANDERSON, 1982), mudando completamente o modo de produção e constituição da economia, na passagem da Antiguidade à Idade Média também se deram "grandes transformações políticas, sociais, culturais e religiosas" (FRIGHETTO, 2010, p. 114), que serão evidenciadas na consolidação da cultura medieval, no período conhecido como "Baixa Idade Média", entre os séculos X e XIV, quando surgem, por exemplo, os castelos, inexistentes na Alta Idade Média (PESEZ, 2006, p. 154), resultado desse processo.

Quanto ao aspecto social, a Idade Média foi marcada por uma divisão tripartida da sociedade, ou seja, a sociedade foi concebida, dentro do imaginário medieval, como se fosse formada por três grupos: 1) os *oratores*, ou seja, "os que oram", que se consideravam no topo da sociedade cristã, por serem os responsáveis pela espiritualidade. Esse grupo era formado não somente pelo papa, bem como por todo o clero, incluindo bispos, padres e monges; 2) os *bellatores*, ou seja, "os que guerreiam", os cavaleiros responsáveis pela proteção física da sociedade e que desfrutavam as benesses da produção, a exemplo de senhores feudais e nobres; 3) os *laboratores*, ou seja, "os que trabalham", sendo a grande maioria da sociedade, em grande parte camponeses e trabalhadores, cultivando a terra e produzindo bens a fim de sustentar materialmente a sociedade como um todo.

Figura 10 – Clérigo, cavaleiro e trabalhador (séc. XIII)

Ilustração em pergaminho presente no *Li Livres dou Santé*, datando do século XIII. Referência: MS Sloane 2435, folio 85, British Library/Bridgeman Art Library. Crédito da imagem: Wikimedia Commons. Observação: note que esta pintura, apesar de parecer grande por estar ampliada, é apenas um detalhe colocado dentro de uma letra "C" inicial de um texto. É, portanto, um desenho feito dentro de apenas uma letra. Domínio público.

Mais do que uma verdade absoluta, tal divisão da sociedade medieval é uma teoria: a chamada teoria da "trifuncionalidade medieval", a qual está sujeita a críticas. Não se deve, porém, compreender tal divisão social da forma errada: mais do que uma realidade histórica fechada, a divisão tripartida foi uma construção imaginária (DUBY, 1982) e, de certo modo, ideológica

(BARROS, 2006), que nem sempre correspondia à realidade: "São" (para os católicos) Bento, por exemplo, funda sua ordem (beneditina) sobre a máxima *ora et labora*, ou seja, "ora e trabalha", incentivando o trabalho por parte dos monges. De modo semelhante, os templários, apesar de lutarem, faziam voto de pobreza, sendo denominados *Pauperes commilitones Christi Templique Salomonici*, "pobres cavaleiros de Cristo e do Templo de Salomão". Há ainda outros exemplos, como os *humiliati*, que surgem como grupo de tecelões, mas que se desenvolvem a partir de uma intensificação espiritual, aliando "a uma vida de oração intensa um trabalho concebido como meio autêntico de existência" (VAUCHEZ, 1995, p. 108).

No que diz respeito ao aspecto religioso, a passagem da Antiguidade à Idade Média foi "o período em que o Deus dos cristãos se torna o Deus único do Império romano" (LE GOFF, 2010, p. 18). Na verdade, o poder do Deus dos cristãos vai além do Império Romano, fazendo deste um símbolo ou uma lembrança que será utilizada pela Igreja a fim de manter o poder estatal submisso a seu comando. Coroando Carlos Magno como "imperador", por exemplo, o papa Leão III não estava querendo torná-lo "romano", mas demonstrar sua autoridade, como líder espiritual, sobre o poder temporal, indicando a procedência do reconhecimento e legitimação deste.

Assim, se no caso de Constantino os estandartes com o *labarum* mostram somente a adesão do imperador a uma nova religião, os estandartes da cruz, ao longo da Idade Média, serão símbolos explícitos de como o poder estatal se sujeitou ao poder espiritual, combatendo em nome de Deus. Ao mesmo tempo, desde os séculos IV e V, com a defesa das fronteiras do Império Romano contra as invasões bárbaras, os exércitos imperiais — e depois os exércitos dos reinos medievais — passaram por um processo de sacralização (CARDINI, 2006, p. 475).

A situação muda completamente, portanto, do século IV ao século XI. Se no século IV o imperador Teodósio é impedido por Ambrósio de entrar na catedral de Milão, por estar impuro pelo sangue derramado, no século XI, a "Guerra Santa" será percebida como uma forma de purificação, promovida pela Igreja e muitas vezes até mesmo iniciada pelo papa. O combate pela fé faz da cruz um estandarte, uma bandeira, transformando-o em elemento tanto militar quanto religioso, misturando os dois aspectos. Apesar que com alguns, como Carlos Martel, esse combate se dar de modo defensivo, contendo o avanço muçulmano, na maior parte dos casos se dará de maneira ofensiva, especialmente por meio de movimentos militares de caráter religioso que, historicamente, ficaram conhecidos como "**Cruzadas**".

Saiba Mais

O tema das Cruzadas não pode ser esgotado nem, infelizmente, suficientemente trabalhado nas poucas páginas deste trabalho. Por essa razão, para quem deseja se aprofundar, recomenda-se a leitura da obra em três volumes de Steven Runciman, *História das Cruzadas*, publicada pela editora Imago. Para início de pesquisa e um conhecimento fundamental, recomenda-se o livro *As Cruzadas* (3. ed. São Paulo: Brasiliense, 1984), de Hilário Franco Jr. e o breve livro *Cruzadas* (Porto Alegre: L&PM, 2009), de Cécile Morrisson.

As Cruzadas não foram somente incursões à Terra Santa, como se costuma imaginar. Certamente, a busca de reconquista da antiga Judeia e, principalmente, da cidade de Jerusalém, eram objetivos sempre presentes na mente dos cruzados. Porém, algumas Cruzadas se direcionaram para outros territórios, e até mesmo contra outros grupos, além dos muçulmanos. Assim, a "Primeira Cruzada", em 1096, apesar de se direcionar para Jerusalém, também foi marcada por uma intensa perseguição a judeus, dentro da própria Europa.

Perseguidos pelos cruzados, de um lado, e pelos muçulmanos, de outro, os judeus foram "forçados a abraçar o cristianismo, ou o islamismo, mediante ameaças a suas vidas" (FALBEL, 2001, p. 272). Tal história de perseguição, porém, ficou consideravelmente à margem da história ocidental, sendo contada principalmente nos relatos judaicos a respeito desta Primeira Cruzada (CHAZAN, 2000), os quais deixam claro não somente a intensidade da relação de tal Cruzada com relação à perseguição dos judeus (CHAZAN, 1996), mas também a própria condição dos judeus durante a Idade Média (CHAZAN, 2006).

Nesses relatos judaicos, "foram as vítimas judaicas da fúria da Cruzada — e não os próprios cruzados — que foram os heróis da campanha", de modo que um dos relatos, o denominado Anônimo Mainz, "reescreveu a história da Primeira Cruzada, transformando vitoriosos em cifras e as vítimas em heróis" (CHAZAN, 2006, p. 280). Da perspectiva de muitos cristãos daquele contexto, porém, os judeus nada tinham de heróis, uma vez que não passavam de "deicidas" (LE GOFF, 2010, p. 119), ou seja, eram acusados de serem "matadores de Deus", uma vez que eram considerados os responsáveis pela morte de Jesus Cristo (em vez dos romanos) e, por isso, vistos como culpados de terem matado o próprio Deus.

Além dos judeus, também os "hereges", ou seja, as pessoas que tivessem ideias diferentes daquelas aprovadas pela Igreja, poderiam ser perseguidos e até mortos, fosse pela Inquisição ou como consequência de uma Cruzada. Esse foi o caso da "Cruzada Albingense" (1209-1244), realizada na cidade de Albi e arredores, no sudoeste da França, a fim de combater a heresia dos cátaros, a "que reuniu maior número de adeptos na Baixa Idade Média e a que teve maior repercussão naquela época" (FALBEL, 1977, p. 36). A fim de conter tal heresia e sanar o problema, o papa Inocêncio III "empreendeu a ofensiva contra a heresia de três maneiras", como lembra Monique Zerner (2006, p. 513): pela definição jurídica da criminalização da heresia, além da excomunhão dos hereges, pela Cruzada lançada contra estes, e pela tolerância em relação a algumas formas de religiosidade até então "heréticas", que foram incorporadas pela Igreja.

Os cátaros, também chamados de "albingenses", eram os membros do catarismo, um movimento herético que pregava a existência de dois deuses, um bom, o Deus do Novo Testamento, e um mau, o Deus criador do Antigo Testamento, associado a Satanás. Tais hereges foram combatidos com força ferrenha, a ponto de o movimento de combate a essa heresia ser considerado uma Cruzada. De fato, segundo Nachman Falbel (1977, p. 43), "o herético era considerado mais perigoso que o infiel, pois, em sua ação proselitista, desviava o fiel da verdadeira religião para lançá-lo nos braços do 'demônio'". Juntos, muçulmanos, judeus e hereges formam o conjunto das pessoas que, na Idade Média, causavam medo e preocupação nos corações de grande parte dos cristãos.

Figura 11 – A reação ao catarismo (séc. XIV)

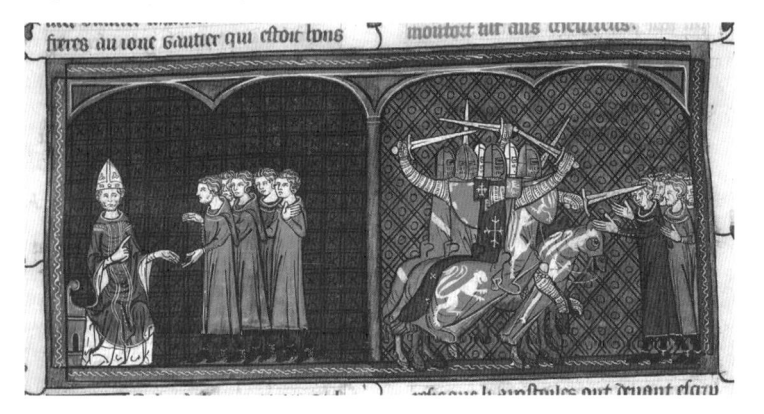

Ilustração das *Chroniques de Saint-Denis*, do século XIV. A imagem à esquerda representa o papa Inocêncio III excomungando os cátaros, enquanto a imagem à direita apresenta a Cruzada Albingense, com os cruzados prontos a massacrar os hereges. Referência da obra: British Library, Royal 16 G VI f. 374v. Fonte da imagem: www.bl.uk. Domínio público.

3.2 Entre Deus e o Diabo

O medo e a preocupação em relação a muçulmanos, judeus e hereges se dava principalmente pela importância que Deus tinha para os medievais, os quais estavam imersos em uma mentalidade profundamente religiosa, a ponto de Marc Bloch afirmar que "nunca a fé mereceu tanto este nome" como na Idade Média (BLOCH, 1987, p. 100). Tal medo era resultado, além da fé em Deus, da fé na existência do Diabo, que, apesar de não se comparar a Deus em termos de poder, poderia estar tão presente quanto Ele na mente dos medievais. Sendo assim, muçulmanos, judeus e hereges são objetos do medo na Idade Média não tanto por quem eles são, mas principalmente por quem eles representam no imaginário medieval: o Diabo.

Assim como se considerava como "agentes de Satã" tanto os muçulmanos (DELUMEAU, 2009, p. 386) como os judeus (DELUMEAU, 2009, p. 414ss), também se considerava cada heresia como "filha de Satã" (FALBEL, 1977, p. 42). Em virtude dessa demonização do "outro" e do medo do Diabo, os muçulmanos eram combatidos em nome de Deus, os judeus eram forçados à conversão, ao isolamento e à expulsão (DELUMEAU, 2009, p. 442), e inúmeras vezes os heréticos, assim como aqueles que fossem considerados feiticeiros ou bruxas, eram queimados nas fogueiras (FALBEL, 1977, p. 42).

Era o medo, mais do que a Igreja, que conduzia as pessoas a tais ações. Como lembra Nachman Falbel (1977, p. 42), "a atitude da Igreja perante a heresia era, primariamente, a de tentar converter os heréticos à fé católica, só adotando uma atitude agressiva e o uso da violência quando nada se conseguia no primeiro caso". Muitas vezes os hereges que haviam sido presos pela Igreja foram arrancados das prisões pelo povo, que os lançava nas fogueiras a despeito de qualquer julgamento oficial (FALBEL, 1977, p. 42).

Não será em vão que as Cruzadas e a perseguição aos judeus e às heresias se intensificará ao longo dos séculos, ao mesmo tempo que o Diabo ganhará espaço no imaginário dos medievais. Se até o século IX o Diabo "está quase totalmente ausente das imagens cristãs" (BASCHET, 2006, p. 319), depois do século IX se multiplicam as representações demoníacas, tanto do próprio Diabo como de seus demônios e até mesmo do **Inferno**. Como bem coloca Jérôme Baschet, "se desenvolve uma representação específica enfatizando sua monstruosidade e animalidade, e manifestando seu poder hostil de modo cada vez mais insistente" (BASCHET, 2006, p. 319). De fato, a monstrualização e a animalização da figura do Diabo e dos demônios são as duas grandes tendências que marcam as representações medievais.

Curiosidade

Apesar de hoje associarmos o Inferno ao fogo, muitas representações medievais trazem a ideia de um Inferno gélido — apesar de o Inferno de fogo ser muito mais comum. Assim, há imagens medievais a respeito das torturas do Inferno que, além de caldeirões ferventes, apresentam pessoas sendo mergulhadas em espécies de piscinas de gelo. De modo semelhante, na literatura, fala-se do frio no Inferno. O filósofo Ramon Lull, por exemplo, afirma que aqueles que cometeram o pecado da luxúria durante sua vida, sendo "abrasados" pelo desejo sexual, seriam esfriados pelo gelo do Inferno, sendo colocados nus nas grandes montanhas de gelo e neve das terras infernais (LOUREIRO; SCARAMUSSA, 2002, p. 213). De modo semelhante, o famoso autor Dante Alighieri, em sua obra *A divina comédia*, descreve Lúcifer como um gigantesco ser peludo e com asas de morcego, preso no gelo no fundo do Inferno, onde devora os condenados.

Tais aspectos que a imagem do Diabo ganha nas representações medievais não são fortuitos. Antes, carregam consigo uma profunda importância histórica a respeito dos indivíduos e mesmo da sociedade medieval como um todo. Afinal, se, por um lado, o desenvolvimento dos estudos demonológicos dentro da teologia medieval (enumerando, listando e nomeando diversos demônios, que passam a ser estudados teologicamente, como Belzebu, Baal, Belial, Behemoth, Asmodeu, Leviatã etc.) indica a seriedade da preocupação dos medievais com o Diabo, as inúmeras e tão variadas representações dele e de seus demônios deixam explícito o quanto tais seres malignos ocupavam o imaginário coletivo e individual. Mas de que forma o Diabo e os demônios são apresentados?

Ao contrário de hoje, em que há uma espécie de definição implícita e coletiva a respeito da imagem do Diabo, percebendo-o com alguns elementos precisos, como a cor vermelha, os chifres, o rabo e o tridente, na Idade Média não havia um padrão absoluto. O Diabo e os demônios eram representados com as mais diferentes cores, por exemplo. O vermelho poderia ser utilizado, mas aparentemente não era preferido a outras cores, como o preto e o amarelo, que são, segundo Dante Alighieri, as cores das três cabeças de Lúcifer (ALIGHIERI, 1998, p. 226). No entanto, observando as pinturas medievais, pode-se perceber também demônios verdes, marrons, brancos, azuis, roxos, alaranjados e até mesmo coloridos.

O que parece ter sido um padrão, porém, era a apresentação do Diabo e dos demônios com aspectos de monstruosidade e, principalmente, mediante animalização. Além de aparecerem com os famosos chifres, os demônios eram representados com dentes pontiagudos, pelos, orelhas pontudas, rabo e, até mesmo, asas — não somente de morcego, mas também de pássaro e até de borboleta! Tal animalização também se dava na mistura da forma humana com aspectos de animais dos mais variados: o bode, hoje associado ao satanismo, aparecia, assim como se fizeram imagens de demônios com aparência de urso, cachorro, pássaro, peixe e inúmeros outros animais.

Figura 12 – Os demônios mostram os pecados a um moribundo (1460)

Xilogravura presente na obra *Ars Moriendi*, "A arte de morrer", ca. 1460. Obs.: note que um dos demônios, na parte inferior da imagem, possui um rosto no seu ventre. Crédito da imagem: Wikimedia Commons. Domínio público.

Até por volta do século X, o Diabo costumava ser representado, nos poucos casos em que aparece, como um anjo, com aspecto humano e, no máximo, angelical. Porém, a partir dos séculos X e XI, "ele começa a aparecer como um monstro dotado de cauda, orelhas animalescas, barbicha caprina, artelhos, patas e chifres, adquirindo também asas de morcego" (ECO, 2007, p. 92). Tal ser, porém, não deixa de ter certa semelhança com o ser humano por ser, quase sempre, um ser humanoide, ou seja, com forma humana.

O demoníaco, portanto, nas representações artísticas medievais, está entre o humano e o animal, mediante a monstrualização e animalização das formas. Tal situação de hibridismo, além de indicar um aspecto artístico, carrega consigo um valor simbólico: sendo ao mesmo tempo humanos e animais, o Diabo e os demônios representam a potencialidade animalesca presente no próprio ser humano. Ou seja, são representações que indicam, simbolicamente, o que os seres humanos podem se tornar, caso venham a ser dominados por seus instintos pecaminosos.

Outro padrão presente nas figuras do mundo diabólico medieval é a chamada "boca do inferno", que é a representação do Inferno como uma enorme boca, para dentro da qual os condenados são lançados. Tal boca pode se dar com aparência humana ou animal, assemelhando-se a um javali ou lobo, por exemplo. Pode ter também inúmeras cores, como vermelho, amarelo e marrom. Pode aparecer como um buraco no chão ou ainda como parte de uma cabeça gigantesca. Mas qual o significado da "boca do inferno"?

Figura 13 – A "boca do Inferno" (1440)

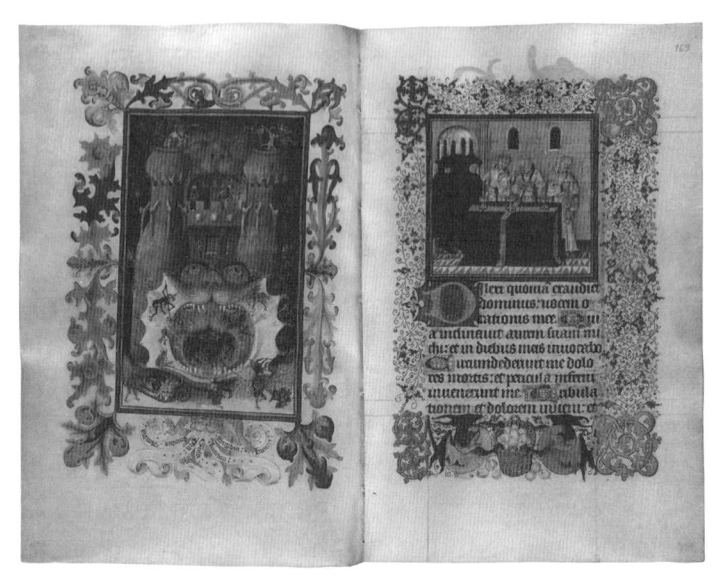

AS HORAS de Caterina de Cleves. 1440. Iluminura em pergaminho, 130 × 192 mm. The Morgan Library & Museum (MS M.917/945, f. 168v), Nova Iorque. Crédito da imagem: Faksimile Verlag Luzern/Google Arts & Culture. Domínio público.

Essa representação pode ser compreendida a partir de outro elemento bastante presente nas pinturas, que é a inclusão de bocas variadas no Diabo ou em algum demônio. Essas bocas, apesar de poderem aparecer na cabeça do Diabo, costumam aparecer em outras partes do seu corpo, especialmente na barriga, na região pubiana e no ânus. Desse modo, a localidade das bocas serve como alusão a pecados associados às partes do corpo em que aparecem: a gula, no caso da boca na barriga, a promiscuidade no caso da boca na região pubiana, e a homossexualidade (vista naquele contexto como pecado) no caso da boca na região anal.

Assim, pelas "bocas extras", os demônios não são somente entendidos como os tentadores da humanidade, mas também como encarnações e representações das próprias tentações e dos pecados. Com o tempo, a teologia fará a associação dos pecados aos demônios pelos seus nomes: Mamon à ganância, Azazel à ira, Leviatã à inveja, e assim por diante. Quanto à "boca do inferno", a percepção da relação entre boca e pecado, evidente pela ideia de que todo pecado nasce a partir de um "apetite", pode-se pensar em uma explicação para tais representações do Inferno como uma enorme boca que devora os condenados: é um simbolismo para a mensagem de que o pecado, fruto do "apetite" humano, pode dar prazer a quem o pratica, **mas acaba o "consumindo" no final**. Quem alimenta seus apetites pecaminosos, um dia será consumido pelos próprios pecados que pratica — eis uma lição valiosa e um aviso importante transmitido implicitamente por imagens que, para quem não percebe seu valor educativo, não passam de desenhos horrendos e de mau gosto.

Independentemente da existência ou inexistência do Diabo como ser, como criatura demoníaca, pode-se afirmar que existe pelo menos a ideia do Diabo, que pode não ter o poder de possuir as pessoas, mas certamente pode ter influência sobre elas e ocupar as suas mentes. Pensando essa "ideia de Diabo", e não o Diabo como ser diabólico, pode-se afirmar, por mais contraditório que possa parecer, que "o cristianismo é o principal responsável pela força do Diabo no mundo, pois é justamente nele que as representações e projeções do Diabo encontrarão um singular avanço na cultura e na civilização" (MAGALHÃES; BRANDÃO, 2012, p. 278).

Afinal, mesmo que o cristianismo tenha como intuito agir em prol de Deus, ou seja, contra a ação diabólica desse ser maligno, muitas vezes acaba, em contrapartida, dando força ao Diabo como ideia, colocando-o em evidência e dando-lhe destaque. Por medo dele, é nele que muitos medievais pensavam em seu dia a dia, sendo ele inclusive a razão de práticas rituais, a fim de se proteger de sua influência e poder. Um exemplo disso é o "sinal da cruz", que, apesar de ter surgido no início do cristianismo, passou a ser, para muitos medievais, uma espécie de "amuleto" de proteção contra o Diabo.

Na história medieval a respeito de Merlin, o famoso mago associado ao lendário rei Artur, aparece claramente essa ideia do "sinal da cruz". Segundo o relato composto por Dorothea e Friedrich Schlegel, entre os anos 1803 e 1804, extraído de fontes medievais, Merlin seria o filho do Diabo com uma jovem virgem devota que, apesar de sua devoção, certa noite se esqueceu de fazer o "sinal da cruz", ficando suscetível ao ataque do Diabo, que aproveitou a oportunidade para se deitar com ela a fim de gerar um filho. Assim, nessa famosa lenda, por causa de ter esquecido uma única vez de fazer o sinal protetor, uma jovem foi "desonrada pelo Maligno" (SCHLEGEL; SCHLEGEL, 2001, p. 11).

Tal como as representações do Diabo, também as representações medievais de Deus têm a sua importância. Afinal, da mesma forma que a "ideia do Diabo" tem uma história, com profundas transformações, também a "ideia de Deus" passa por um processo de mudança, evidente nas variações em relação à sua representação. Um exemplo disso é a preferência em cada época pela apresentação de uma das três pessoas da Trindade. Afinal, havendo o Deus Pai, o Deus Filho e o Deus Espírito Santo, as próprias pessoas, "na vida cotidiana", terão preferência por se dirigir "particularmente a uma ou a outra dessas pessoas" (LE GOFF, 2010, p. 37).

Em um primeiro momento, com a dinastia dos carolíngios e a fundamentação da sociedade medieval, a imagem divina que é privilegiada é a do Deus Pai, representado como homem idoso, protetor e diretor, praticamente sempre sentado, em posição de poder, refletindo e servindo de modelo de associação não somente aos reis, mas também às autoridades eclesiásticas, como os papas. É, portanto, símbolo com valor ideológico e político, além do seu aspecto religioso. Pode-se perceber isso no uso de elementos na imagem do Pai, a exemplo da coroa, a fim de vinculá-lo ao poder temporal, do rei, e mesmo a mitra (o "chapéu" clerical), relacionando-o ao poder espiritual de autoridades eclesiásticas, indicando a legitimidade deste como proveniente de Deus.

A partir dos séculos XII e XIII, a imagem privilegiada nas representações é a do Deus Filho, Jesus Cristo, parecendo ser um momento que tal pessoa da Trindade atraiu mais as orações e a devoção dos fiéis (LE GOFF, 2010, p. 38). Com as dificuldades de epidemias e guerras do século XIII, tal devoção parece se aprofundar, especialmente pela identificação das pessoas com o Cristo que sofre, expresso artisticamente pelos temas da *Pietà*, a imagem de Maria que recolhe o corpo de seu filho, Jesus, recém-tirado da cruz, e o *Ecce Homo*, com Jesus flagelado e coroado com espinhos (LE GOFF, 2010, p. 39). No sofrimento de Cristo, e mesmo de sua mãe, as pessoas se enxergam a partir de seu sofrimento. Por isso, como bem lembra Le Goff, "a partir do século XI, e sobretudo no século XIII e ainda mais no século XIV, o Cristo é antes de tudo o Cristo da Paixão, o Cristo do sofrimento" (LE GOFF, 2010, p. 75).

Figura 14 – Jesus morto nos braços de sua mãe, Mari

Figura 15 – Jesus em sofrimento com coroa de espinhos

MICHELANGELO. **Pietà**. 1499. Escultura em mármore. Basílica de São Pedro, Vaticano. Crédito da imagem: Wikimedia Commons. Domínio público.

CARAVAGGIO. **Ecce Homo**. 1605. 1 original de arte, óleo sobre tela. Columbus Museum of Art. Crédito da imagem: Wikimedia Commons. Domínio público.

Estas, portanto, são as duas principais imagens do Deus medieval (LE GOFF, 2010, p. 55): a do Deus como majestade, na representação de Deus Pai entronizado, com poder; e a do Deus como sofredor, na imagem de Jesus Cristo crucificado, morto ou rumo à crucificação (*via crucis*). Isso não significa que Jesus não foi representado entronizado: de fato, uma representação recorrente da Antiguidade à Idade Média é o tema denominado *pantokrator*, "todo-poderoso", o Cristo representado como senhor sobre todas as coisas, sentado soberano e com o mundo sob Seus pés. Porém, na Baixa Idade Média, tal representação será bem mais rara que a do Cristo da Paixão. Não será à toa, portanto, que a imagem mais comum da Trindade será justamente uma junção de Deus Pai entronizado, Jesus crucificado e, junto a eles, a pomba representando o Espírito Santo.

Figura 16 – Representação da Trindade em manuscrito medieval (século XIV)

LIVRO das Horas dos De Grey. ca. 1390. Manuscrito em papel velino. Biblioteca Nacional de Gales. Note que Deus Pai não é representado com coroa, tal como os reis, mas com mitra, tal como as autoridades eclesiásticas. Crédito da imagem: Llyfrgell Genedlaethol Cymru (Peniarth MS 4, f. 20 v). Domínio público.

A Idade Média, portanto, é um período de formação de uma nova estrutura social, fundamentada não somente na religião cristã, mas também em valores próprios do Império Romano, como a majestade, incorporada pela figura do rei, que, pela relação entre

Igreja e Estado, acaba recebendo um poder sagrado (LE GOFF, 2010, p. 73). É, portanto, uma transformação do mundo nos mais variados aspectos, em decorrência de uma concepção a respeito de Deus, que "é ao mesmo tempo o ponto mais alto e o fiador desse sistema" (LE GOFF, 2010, p. 82-83), e resultando também na própria mudança da visão e da própria ideia de Deus, que refletiu as mudanças históricas desses longos séculos. Assim, não é sem razão que Jean-Claude Schmitt (2006, p. 301) afirma que "se há uma noção que resume toda a concepção de mundo dos homens da Idade Média, é a de Deus".

Síntese do capítulo

Mais do que por feudos e castelos, o período medieval foi marcado por transformações profundas em todas as esferas da cultura e sociedade, sendo esses elementos somente dois exemplos. Apesar de ainda se falar em "sistema feudal", sabe-se que a importância do feudo não é tão central quanto se pensava (LE GOFF, 2010, p. 66). Muito mais importante é a concepção sobre o próprio Deus, que altera a visão geral sobre a guerra e o combate, fazendo de muçulmanos, judeus e hereges os inimigos da cruz e, consequentemente, os agentes de Satã no mundo. Assim, a visão sobre Deus não somente afeta a visão sobre os outros, mas também sobre o Diabo, que serve como espécie de espelho para os medievais realizarem uma autocrítica, utilizando as suas representações como mecanismos educativos.

4. A IGREJA DO RENASCIMENTO (XIV–XVI)

4. A Igreja do Renascimento (XIV–XVI)

Introdução

Este capítulo tem como principal objetivo a apresentação da transição entre a Baixa Idade Média e a Idade Moderna, demonstrando não somente a importância do renovo cultural desse contexto, mas também explicando a Reforma empreendida por Martinho Lutero, que foi mais que uma simples reforma da Igreja cristã. Para isso, é necessário explicar como no "outono" da Idade Média se desenvolveram as cidades que, além de reconfigurarem a sociedade, também colaboraram na transformação da cultura, especialmente pela criação das universidades e pelo desenvolvimento da ciência, relacionados a um movimento que veio a ser conhecido como Renascimento. Quanto à Reforma, busca-se apresentar o contexto de surgimento dela, não somente indicando a situação da Igreja naquele momento, mas também os direcionamentos que a Reforma tomou durante a vida de Lutero.

4.1 O renovo cultural

Durante o período conhecido como Baixa Idade Média, entre os séculos X e XIV, a Europa cristã passou por profundas mudanças. Certamente, muitas dessas mudanças resultaram na fundamentação do sistema feudal, apresentando os famosos elementos que hoje são associados à Idade Média, a exemplo dos castelos, que somente aparecem, de fato, na Baixa Idade Média (PESEZ, 2006, p. 154), e das Cruzadas, que iniciam no século XI. Porém, muitas mudanças também direcionaram o mundo para uma nova formatação, tanto cultural quanto social, que manterá elementos do mundo medieval, mas que apresentará também diferenças tão profundas em relação à Idade Média que os historiadores considerarão o século XV como uma nova etapa na história da humanidade.

Por isso, costuma-se marcar o fim da Idade Média e o início da Idade Moderna com a queda de Constantinopla, em 1453. Afinal, além da importância histórica desse evento, que marca o fim do Império Bizantino, o século XV também apresentou outros tantos elementos que indicam se tratar de um século de transformações, uma verdadeira "passagem" entre duas formas de mundo. Porém, é preciso evitar incompreensões: tal marcação é uma definição posterior, realizada pela historiografia para facilitar a compreensão do passado.

Os homens e mulheres que viviam em 1453 não tinham consciência de que aquele ano seria considerado um marco histórico de passagem entre Eras da humanidade. Viviam e pensavam sobre a história, mas não tinham a visão de conjunto que temos hoje, ao olharmos para trás. Também não se viam mudando de um mundo medieval para um mundo moderno. Na verdade, nem mesmo tinham a noção de que eram "medievais" — apenas viviam sua vida, sabendo somente que o mundo já havia mudado e poderia mudar novamente. A transição entre a Idade Média e a Idade Moderna, portanto, foi uma mudança muito mais processual e inconsciente do que parece quando lemos um livro de história. As pessoas podiam sentir que as coisas estavam mudando: viam as cidades se enchendo e o comércio se intensificando, por exemplo. Mas não teriam como perceber as consequências de tais mudanças a longo prazo, nos séculos seguintes, que ultrapassariam e muito a sua vida.

Na verdade, mesmo para os historiadores é difícil definir o período entre os séculos XIV e XV. Afinal, apesar de o mundo se encaminhar para uma nova formatação, não deixou de ser medieval de uma hora para a outra. Foi um processo lento e gradual, marcado por mudanças e permanências. Em função disso, o historiador Johan Huizinga utilizou o termo "outono da Idade Média", a fim de ressaltar o vínculo com uma realidade (medieval) que, em vez de ser passado, ainda era presente e viva naqueles séculos. Afinal, mesmo no século XV, "a base sólida da vida cultural ainda continuava sendo genuinamente medieval" (HUIZINGA, 2010, p. 553-554). Ao mesmo tempo, porém, a fim de não haver furos ou incompreensões, outros historiadores, como Philippe Wolff (1988), buscaram lembrar da possibilidade de se ver os séculos XIV e XV, além de "outono da Idade Média", como a "primavera dos novos tempos". Mas que mudanças geraram essa transformação e que novos tempos foram esses?

No campo econômico, pode-se destacar a decadência da agricultura e a ascensão do comércio manufatureiro e mercantil. Tal mudança se deu por diversas razões, dentre as quais se destaca um crescimento demográfico (aumento da população) nos séculos

XII e XIII, acompanhado pela expansão das cidades. Surgiam, assim, grandes cidades (burgos) que se tornavam "centros de produção artesanal e entrepostos comerciais" (SEVCENKO, 1985, p. 6), onde eram realizadas feiras internacionais de comércio, possibilitadas pelas rotas abertas com as Cruzadas e pela intensificação da produção de trabalhos artesanais. Dentro desse contexto, surge uma nova classe social de mercadores que enriqueceram nas cidades (burgos), os quais ficarão conhecidos por essa razão como "burgueses".

Tal relação com o dinheiro, resultante do surgimento dos burgueses e, a longo prazo, do desenvolvimento desse novo sistema econômico que ficará conhecido como "capitalismo", relacionava-se também a aspectos culturais e, inclusive, religiosos. Afinal, a mentalidade medieval seguia a ideia de que a religião deveria ensinar qual relação as pessoas deveriam ter com o dinheiro, assim como de que modo deveriam fazer uso dele (LE GOFF, 2014). A usura, por exemplo, que é o lucro proveniente de empréstimo, era tida como um pecado, sendo reprovada pela Igreja, que a condenava como roubo do tempo (LE GOFF, 1989), uma vez que partia da cobrança de valor maior do que o valor emprestado por conta do tempo transcorrido.

Porém, com o desenvolvimento do comércio e aumento das cidades, a teologia cristã estabelecerá um meio de tais pecadores alcançarem a salvação a despeito de sua prática — o purgatório, uma espécie de espaço após a morte para purificação e preparação para o céu, abrindo a possibilidade de remissão das consequências de alguns pecados após a morte. Não será descabido, portanto, que o termo purgatório surgiria justamente no final do século XII (LE GOFF, 2017), sendo difundida tal ideia depois, principalmente com a obra *A divina comédia*, de Dante Alighieri, escrita em 1320.

Figura 17 – Purgatório

IRMÃOS LIMBOURG. **Les Très Riches Heures du duc de Berry**. ca. 1412-1416. Iluminura que mostra pessoas presas em rochas, água, fogo e terra sendo resgatadas por anjos e levadas ao céu. Crédito da imagem: Wikimedia Commons. Domínio público.

O purgatório "nasce" com a expansão das cidades e do comércio, marcando as transformações do século XII mediante uma mudança religiosa que acompanha as mudanças econômicas e sociais. É, portanto, um dos exemplos do aumento da importância do poder econômico frente ao poder religioso. Outro exemplo, porém, é a transformação na arte, entre os séculos XI e XV. Se, antes do século XI, a arte era primariamente religiosa, focada em servir de mecanismo educacional da espiritualidade, representando principalmente Deus e o Diabo, a partir do século XIII, e principalmente no século XV, a arte será voltada à economia retratando além de nobres, um grande número de comerciantes e mercadores que ascenderam socialmente e que, tendo condições financeiras consideráveis, contratavam os artistas a fim de representá-los. Vários grandes artistas, portanto, fizeram retratos notáveis de pessoas ricas, assim como representaram a vida burguesa.

Figura 18 – O usurário e sua esposa (1514)

METSYS, Quinten. **O usurário e sua esposa**. 1514. 1 original de arte, óleo sobre painel. A pintura foi realizada na Antuérpia, em Flandres. Trata-se de um retrato de um usurário, ou seja, um agiota, mexendo em moedas sobre a mesa, e sua esposa, que, apesar de estar com um livro aparentemente de devoção (com a imagem de Maria com Jesus no colo) em suas mãos, está com o olhar direcionado para as moedas. Obs.: note que na parte inferior da imagem há um espelho, em que o artista pintou a si mesmo e a janela atrás de si. Crédito da imagem: Wikimedia Commons. Domínio público.

Socialmente, a ascensão da burguesia também teve um considerável impacto. Afinal, com a ascensão das cidades, centralizadas nessas novas figuras, perdiam gradativamente a importância os feudos. Houve, no século XII, uma verdadeira "revolução urbana". Além dos feudos não se destacarem economicamente como antes, as pessoas eram atraídas a viverem nas cidades, especialmente em localidades como a Itália, que voltava a dominar o comércio no Mar Mediterrânico, e na região de Flandres, que controlava o comércio do Mar Báltico e do Mar do Norte. Tal atração, porém, era acompanhada por um desejo de desvincular-se dos feudos, em decorrência dos abusos de poder por parte dos senhores feudais. Na verdade, isso foi justamente a razão da fundação de muitas cidades, criadas pela união de pessoas que "pensavam em formar uma comunidade capaz de fazer frente aos senhores" (LE GOFF, 1992, p. 4).

No âmbito religioso, a "revolução urbana" resultou não somente em uma reorganização da rede paroquial, readequada à nova estrutura social, bem como na formação de conventos das ordens mendicantes dentro das cidades (LE GOFF, 1992, p. 5). Em vez dos antigos mosteiros, que se situavam no campo, sustentando-se com a agricultura, produzindo conhecimentos para eles próprios, esses conventos citadinos foram marcados por uma profunda relação com as cidades, de modo que os próprios conhecimentos eram produzidos para o ensino dos habitantes das cidades (ZILLES, 2013, p. 328).

As ordens mendicantes surgem precisamente no final do século XI e no século XII, a exemplo das duas principais ordens, a dos dominicanos e a dos franciscanos, que são criadas no contexto de expansão das cidades e que são constituídas para atender às novas necessidades espirituais resultantes dessa expansão. Desse modo, estavam plenamente relacionadas às cidades, evangelizando o povo urbano e até mesmo contribuindo na resolução de problemas sociais decorrentes da densidade e pluralidade demográfica.

O próprio Francisco de Assis, por exemplo, era filho de comerciante, ligado ao povo pelo seu nascimento fora da nobreza, mas ligado à aristocracia pela fortuna de sua família (LE GOFF, 2001, p. 106). Em sua vida, segundo Le Goff (2001, p. 105), foi orientado por três fenômenos de seu contexto: "a luta de classes, a ascensão dos leigos e o progresso da economia monetária". Contextualizou, portanto, a Igreja ao novo momento do mundo e, com Domingos, pode-se dizer que "salvou a Igreja ameaçada de ruína pela heresia e por sua decadência interna" (LE GOFF, 2001, p. 112). Não será sem motivo que a espiritualidade dos grandes artistas e intelectuais dos séculos seguintes será marcada pela vida e obra desses grandes homens.

Quanto aos intelectuais, estes terão nas cidades outro elemento importante: **as universidades**. A universidade é uma invenção medieval e "uma das grandes criações da Idade Média" (VERGER, 2006, p. 573). No contexto europeu, as mais antigas são: a Universidade de Bolonha, na Itália, fundada em 1088, e que será a grande referência no estudo do Direito; a Universidade de Oxford, na Inglaterra, fundada em 1096; a Universidade de Paris, fundada em 1170; e a Universidade de Modena, na Itália, fundada em 1175. Porém, é no século XIII que se multiplicam as universidades, surgindo outras 12 universidades, na Espanha, França, Inglaterra e em Portugal. Sempre ligada a uma cidade, a universidade é, em si mesma, resultado da mudança cultural do século XII (VERGER, 2006, p. 585).

> **Saiba Mais**
>
> Já que este trabalho tem o foco na história do cristianismo e não na história da educação, não há como se aprofundar na temática da educação medieval nem na formação das universidades suficientemente. Por essa razão, faz-se necessário indicar algumas referências principais para leitura sobre esse assunto. A respeito da educação na Idade Média, recomendam-se os seguintes livros: *Os intelectuais na Idade Média* (Rio de Janeiro: José Olympio, 2003), de Jacques Le Goff; Homens e saber na Idade Média (Florianópolis: Edusc, 1999), de Jacques Verger; *Cultura e educação na Idade Média* (São Paulo: Martins Fontes, 1998), organizado por Luiz Jean Lauand; e *História da educação na Idade Média* (São Paulo: Editora Pedagógica e Universitária, 1979), de Ruy Afonso da Costa Nunes. Dentre as obras traduzidas, recomendo o verbete "Universidade" de Jacques Verger (2006) e seu livro *As universidades medievais* (São Paulo: Unesp, 1990).

Desse modo, como resultado da intensificação artesanal e comercial das cidades, pode-se afirmar que o século XIII "é o século das universidades porque é o século das corporações" (LE GOFF, 2003, p. 93). Porém, o século XIII também é o século das universidades, como resultado daqueles que dão sentido às universidades ainda hoje: os estudantes e os professores. Afinal, se as primeiras universidades, no século XII, como as de Bolonha, Oxford, Paris e Modena são "espontâneas", surgindo do desenvolvimento de antigas escolas nessas localidades (VERGER, 1990, p. 41ss), as universidades do século XIII são fruto da migração de alunos e professores das universidades anteriores (OLIVEIRA, 2006, p. 74).

Figura 19 – Tomás de Aquino (1395-1455)

FRA ANGELICO. **São Tomás de Aquino**. ca. 1395-1455. 1 original de arte, têmpera sobre madeira. Coleção Vittorio Cini, Veneza. Crédito da imagem: Wikimedia Commons. Domínio público.

Dentre estudantes e professores, um se destacou: Tomás de Aquino (1225-1274). Ele nasceu na Itália, centro da transformação cultural daquele contexto, entrou para a ordem dominicana e lecionou principalmente na Universidade de Paris, o centro da educação teológica de seu tempo. Foi alguém que, além de adquirir conhecimento por meio dos livros, aprendeu com suas inúmeras viagens, obtendo conhecimentos e trocando ideias por onde ia, tendo morado onde atualmente é a Itália, Alemanha e França, e vivendo em diversos ambientes universitários. Sendo assim, apesar da fama do teólogo, bem conhecido ainda hoje, "compreenderemos mal a obra de S. Tomás se não a situarmos nesse mundo escolar, em que elaborou a maior parte dos seus livros" (VERGER, 1994, p. 291).

De modo semelhante, compreenderemos mal as obras escritas nos séculos XIV, XV e XVI se não compreendermos Tomás de Aquino e a transformação que as universidades fizeram no contexto europeu. Afinal, é a partir das universidades que as ciências se desenvolvem, a exemplo da medicina, que, de saber empírico e quase mágico, torna-se uma disciplina própria (VERGER, 2006, p. 586), ou ainda das artes, constituídas em uma faculdade própria tal como as faculdades de Medicina, Direito e Teologia, dentro da Universidade de Paris. Ao mesmo tempo, a mudança cultural e intelectual promovida pelas universidades afetou o mundo para além destas e, fora delas, surgiram importantes transformações, como a promoção de atividades artísticas e econômicas como técnicas e, principalmente, no século XIV, o humanismo moderno, que nasceu "no século XIV, primeiro na Itália, depois na França" (VERGER, 2006, p. 586).

Por fora das universidades, o ensino técnico se desenvolveu, inicialmente, nas escolas de artesãos e, depois, nas escolas de artistas e arsenais (MARICONDA, 2006, p. 274). As universidades, portanto, pavimentam o caminho que passa a ser trilhado também por pessoas que, não desejando as implicações de ser um estudante universitário — ou mesmo não havendo abertura às mudanças por causa do ensino tradicional —, desenvolvem conhecimentos científicos e filosóficos no ambiente leigo.

A Igreja, portanto, teve uma relação bastante ambígua com a ciência: ao mesmo tempo que favoreceu o surgimento das universidades, que eram reconhecidas pelas autoridades eclesiásticas, de modo que os universitários tinham o próprio papa como um poderoso aliado (LE GOFF, 2003, p. 98), também estabeleceu os limites delas, uma vez que colocava os universitários sob a sua jurisdição (LE GOFF, 2003, p. 99), tomando-os como clérigos. Tal ambiguidade, porém, tem um grande exemplo: Galileu Galilei (1564-1642), o "pai da ciência moderna", responsável por importantes descobertas astronômicas que o deixaram famoso já no tempo que ensinava na Universidade de Pádua, na Itália.

Figura 20 – Galileu ensinando na Universidade de Pádua (1873)

PARRA, Félix. **Galileu demonstrando as novas teorias astronômicas na Universidade de Pádua**. 1873. 1 original de arte, óleo sobre tela, 1,67 × 1,85 m. Museo Nacional de Arte (MUNAL), Cidade do México (n.º 15058). Crédito da imagem: Wikimedia Commons/Google Arts & Culture. Domínio público.

Diferentemente do que se costuma ensinar nos colégios, o famoso astrônomo não foi condenado à morte pela Inquisição nem mesmo foi preso por defender que a Terra gira em torno do Sol (FINNOCHIARO, 2009). Galileu, que era bem-quisto em Roma, onde o próprio papa chegou a organizar audiências a fim de promover a divulgação de suas descobertas científicas, não era alguém perseguido pela Igreja, nem precisava fugir dela. Pelo contrário, a Igreja o promovia, e recebia bem a hipótese copernicana a respeito dos astros — o que não se aceitava, porém, era a afirmação de que esta era a verdade absoluta, e não uma hipótese, sem a apresentação de uma comprovação (WOODS, 2008, p. 66ss).

Galileu afirmou que o conhecimento dos assuntos naturais deveria ser atribuído à própria natureza e não à Bíblia (MARICONDA, 2006, p. 284), mas isso não deve ser visto como a razão do atrito com a Igreja. Afinal, Alberto Magno havia dito algo semelhante ao afirmar que, quando surge algum conhecimento sobre a natureza, deve-se cuidar quando se fala dessas coisas a partir do que se pensa que dizem as Escrituras, e o cardeal Roberto Belarmino admitia que, caso fosse comprovado que o Sol é o centro do universo, dever-se-ia rever as explicações sobre as passagens que, aparentemente, dizem algo diferente (WOODS, 2008, p. 68).

Em 1632, Galileu publicou sua obra intitulada *Diálogo sobre os dois grandes sistemas do mundo*, a qual havia sido incentivada pelo próprio papa, que lhe pedira somente que apresentasse a visão copernicana como uma hipótese e não como verdade absoluta, uma vez que não havia sido comprovada. Ignorando a solicitação papal e tratando a hipótese como verdade, Galileu acabou sendo declarado suspeito de heresia pela Inquisição no ano seguinte, em 1633 (WOODS, 2008, p. 69).

Assim, apesar do fato de a **Igreja** restringir e se colocar como detentora do poder de definir os limites da ciência a cada passo que esta dava, pode-se afirmar que "parte da culpa dos acontecimentos subsequentes deve ser atribuída ao próprio Galileu" (LANGFORD, 1966, p. 68). Afinal, se tivesse tratado suas conclusões como hipóteses — algo que, na verdade, é um princípio científico —, ele provavelmente poderia ter escrito o que quisesse em seguida, como declarou o padre Christoph Griemberger (MACDONNELL, 1989, Apêndice 1).

> **Curiosidade**
>
> Apesar de a Inquisição ter declarado Galileu Galilei como herege em 1633, em 1835 a Igreja Católica veio a retirar suas obras do *Index Librorum Prohibitorum*, a lista de livros proibidos (GALIMBERTI, 2003, p. 229), e em 1992 o papa João Paulo II, que havia convocado uma comissão para rever o processo inquisitorial a respeito da condenação das teses copernicanas, fez a seguinte afirmação: "O erro dos teólogos da época, quando mantinham a centralidade da Terra, era o de pensar que o nosso entendimento da estrutura física do mundo era, de algum modo, imposto pelo sentido literal da Sagrada Escritura".

O relato da condenação de Galileu, porém, distanciando-se da verdade, acabou contribuindo para a formação de mais um dos vários mitos a respeito da relação entre a Igreja e a ciência, a exemplo do mito de que os cristãos medievais ensinavam que a Terra é plana (CORMACK, 2009), ou ainda que a Igreja medieval impediu o desenvolvimento da ciência (SHANK, 2009). Ao contrário do que esses mitos indicam, a Igreja contribuiu consideravelmente para o desenvolvimento da ciência, não apenas pelas universidades, mas também pela própria participação nos caminhos do desenvolvimento intelectual, contribuindo com conhecimentos criados e, inclusive, incentivando movimentos culturais.

Um exemplo disso é o grande movimento intelectual, artístico e cultural resultante das transformações dos séculos XI a XIII, desenvolvendo-se nos séculos

XIV e XV: o chamado "Renascimento" ou "Renascença". Apesar de muitos suporem que a Igreja "não poderia ver com bons olhos" (SEVCENKO, 1985, p. 15) o Renascimento, uma vez que se construiu sobre a busca da retomada de valores culturais da Antiguidade, anteriores ao cristianismo, a Igreja não somente o viu com bons olhos, mas também o apoiou.

Assim, o movimento iniciado em Florença, apoiado pela família banqueira dos Médici, depois avançou para Roma, contando com o apoio dos papas (ZILLES, 2013, p. 342-343), especialmente quando tais papas eram justamente pessoas da família dos Médici, como Leão X (1475-1521) e Clemente VII (1478-1534). Desfrutaram desse duplo mecenato inúmeros artistas importantes, como Michelangelo, Rafael e Sandro Botticelli, que, além de suas obras "seculares", fizeram inúmeros trabalhos para a Igreja, como a decoração da famosa Capela Sistina.

Tais trabalhos, porém, apesar de serem financiados pela Igreja, distanciavam-se dos moldes cristãos do passado. Apesar de os artistas renascentistas apresentarem aspectos próprios da Baixa Idade Média e da representação divina naquele contexto, a exemplo da *Pietà*, esculpida por Michelangelo — uma vez em Florença e outra no Vaticano —, e pintada por vários artistas, tais como El Greco, pode-se perceber uma transformação da representação do sagrado e do divino.

O Cristo sofredor, como lembra Henri Daniel-Rops (1996, p. 251-252), "não está ausente das preocupações, mas a sua imagem encontra-se de algum modo afogada sob o brilho do esplendor e do poder". As obras de arte que decoraram as igrejas e, principalmente, a Basílica de São Pedro, as quais são motivo de orgulho do Vaticano ainda hoje, mostram uma mudança teológica da participação no suplício de Cristo para uma "teologia da glória", cada vez mais distante de Cristo, exaltando por meio das imagens "o poder dos Pontífices" e "a majestade da Igreja" (DANIEL-ROPS, 1996, p. 251).

4.2 Mais que uma reforma

Enquanto a Itália foi marcada por um Renascimento secular — apesar da relação com o papado e a Igreja — e artístico, a Alemanha foi o palco de um Renascimento literário que afetou principalmente a teologia, com homens tais como Nicolau de Cusa (1401–64) e Erasmo de Roterdã (1466–1536), que "fundiram o saber clássico do Renascimento e a piedade bíblica num humanismo explicitamente cristão" (ZILLES, 2013, p. 343).

"Bem mais que na Itália", portanto, na Alemanha "o humanismo mantinha-se cristão" (DANIELROPS, 1996, p. 283). Assim, de modo semelhante a Tomás de Aquino e o século XII, não poderemos compreender completamente a Reforma protestante de Martinho Lutero (1483-1546) se não entendermos previamente esse contexto social, cultural e econômico da Alemanha dos séculos XIV e XV, que preparou o caminho para as transformações que estavam por vir.

Figura 21 – Retrato de Martinho Lutero (1529)

CRANACH, Lucas, o Velho. **Retrato de Martinho Lutero**. 1528. 1 original de arte, óleo sobre madeira, 36 × 28 cm. Hessisches Landesmuseum Darmstadt, Darmstadt, Alemanha (Cat. Darmstadt 1990, n. 76). Crédito da imagem: Wikimedia Commons. Domínio público..

Tal contexto social, em termos religiosos, era marcado por uma áspera crítica alemã à hierarquia religiosa católica que colocava a Itália no topo. A Alemanha, apesar de naquele contexto não ter uma identidade definida, estando dividida em cerca de quatrocentos Estados, "grandes e pequenos, embaralhados como as peças de um quebra-cabeças" (DANIEL-ROPS, 1996, p. 279), tinha certa unidade cultural, fortalecida pela diferença e mesmo oposição em relação à cultura italiana. Tais Estados, formados por cidades independentes e com autonomia política e econômica, decorrente do comércio, dos bancos e da indústria com madeira e ferro, eram extremamente críticos do clero romano, que lhes impunha impostos a fim de sustentar seu luxo.

O reformador Lutero, portanto, deve ser compreendido como alguém que, mesmo que não tivesse inicialmente pretensões políticas, veio a ser "atiçado por aqueles que pretendiam mostrar ao povo alemão como a Cúria romana e os seus coletores de impostos o deploravam, exploravam e pilhavam" (DANIEL-ROPS,

1996, p. 285). Assim, apesar de afirmar, em 1519, que não desejou "atacar a Igreja romana nem Vossa santidade" com suas famosas 95 teses de 1517, Lutero veio a se encaminhar em um sentido bastante nacionalista quando se aliou com o cavaleiro Ulrich von Hutten (DANIEL-ROPS, 1996, p. 287). Seja como for, no contexto da Reforma, portanto, o grito de Lutero, "Acorda, Alemanha!", já anunciava o valor que o nacionalismo viria a ter nos séculos subsequentes, que culminou na unificação da Alemanha em 1871.

Lutero, porém, tinha uma crítica muito além da política. Afinal, apesar de alguns historiadores, como Lucien Febvre (2012), diminuírem o valor desse aspecto na vida do reformador, Lutero foi um ardente crítico do clero e da teologia de seu tempo, contrapondo-se a diversos elementos não somente relacionados àqueles eclesiásticos que deveriam representar a Igreja no mundo, mas também suas formas de apresentar o Evangelho e a salvação, transformando-os em verdadeiras mercadorias, como ocorria por meio das indulgências.

As indulgências são meios de remissão, parcial ou total, da pena temporal devida por conta dos pecados, por parte da Igreja. Não são exatamente a venda do perdão, como muitos supõem, apesar de haver aqueles que, naquele tempo, a tratavam como se fossem isso. Estavam, porém, relacionadas à nova concepção teológica do purgatório, que era uma espécie de sofrimento póstumo entre o Céu e o Inferno. Assim, as indulgências serviam para resgatar almas que já estavam ou que viriam a estar no purgatório, levando-as diretamente ao céu (para onde iriam, de toda forma, depois de algum tempo), em troca de um favor ou valor. Como dizia o slogan de Johann Tetzel, comerciante de indulgências que Lutero veio a criticar: "Tão logo a moeda no cofre soa, a alma do purgatório salta!" (MCGRATH, 2012, p. 52).

Nem sempre as indulgências foram iguais: no século XI, por exemplo, eram concedidas a quem participasse das Cruzadas, enquanto nos tempos subsequentes haviam sido vendidas a fim de financiar construções de igrejas, hospitais e até pontes, transformando os valores em "obras religiosas ou socialmente úteis" (DANIEL-ROPS, 1996, p. 266), muitas vezes bem aplicados.

No tempo de Lutero, porém, muitas indulgências haviam tido um propósito bastante específico: pagar a reconstrução e decoração da nova Basílica de São Pedro (DANIEL-ROPS, 1996, p. 267), a qual foi realizada pelos artistas renascentistas italianos, como já indicado anteriormente. Ou seja, o dinheiro oferecido pelo povo cristão europeu — incluindo o povo alemão — a fim de alcançar redenção e livramento do castigo após a morte, serviu para a confecção de uma luxuosa igreja, repleta de ornamentos e decorações que serviam como símbolo do poder romano e de sua opulência. A Europa cristã, ainda não completamente recuperada da peste negra, que matou milhões de pessoas e abalou completamente a economia no século XIV, via-se na situação de sustentar as extravagâncias de um papado formado por pessoas que nasceram na família mais rica e poderosa daquele tempo e estavam acostumadas ao luxo.

Mas como poderia o povo crer que uma doação para a construção de uma igreja suntuosa aliviaria sua condição após a morte? Devemos entender que, apesar do grande número e da expansão das cidades, a Europa como um todo tinha uma fé bastante simples e popular, que dominava a maior parte do povo e que incluía tanto pobres quanto pessoas ricas e bem formadas. Nos séculos XIV e XV, ao invés de se desenvolver uma fé mais racional, em virtude do Renascimento, "os sintomas de uma religião desequilibrada observados na época precedente tinham-se ido agravando", de modo que "a superstição estava tão espalhada como no fim da Idade Média, ou talvez mais" (DANIEL-ROPS, 1996, p. 259).

Essa superstição se dava, por exemplo, no culto aos santos. Mesmo católicos, como Daniel-Rops, admitem que, nesse contexto, "o culto dos santos tendia a ocupar um lugar tão grande na piedade cristã que beirava por vezes a idolatria, quando não o escândalo" (DANIEL-ROPS, 1996, p. 259). Pela personagem "Loucura", em sua obra *Elogio da Loucura*, o teólogo católico Erasmo de Roterdã (1466-1536) criticou a veneração de imagens afirmando que "essas coisas prejudicam um verdadeiro culto", pois "as pessoas estúpidas e grosseiras adoram a estátua em vez do santo" (ERASMO, 2010, p. 74).

O culto aos santos não se dava apenas pela adoração de imagens: tão importantes quanto as imagens eram as **relíquias**, especialmente no contexto de Lutero. Afinal, apesar de pequena, a cidade de Wittenberg, onde Lutero lecionava, atraía todos os anos uma multidão de devotos ansiosos em ver, na Festa de Todos os Santos, as nove mil relíquias de Frederico, o Sábio, príncipe-eleitor da Saxônia, as quais eram guardadas na igreja de Todos os Santos. Uma festividade que se dava no dia 1 de novembro e que explica a razão de Lutero ter publicado suas 95 teses na sua véspera, no dia 31 de outubro de 1517, lembrado até hoje como o "dia da Reforma".

> **Curiosidade**
>
> As relíquias medievais eram variadas, e inúmeras vezes diziam respeito a uma parte ou ao todo do cadáver de algum santo. Um exemplo disso é a famosa língua incorrupta de Santo Antônio (1195-1231), denominado "de Lisboa" (cidade onde nasceu) ou "de Pádua" (cidade onde morreu). Conta-se que esse famoso pregador, que fora apelidado de "Arca do Testamento" pelo conhecimento que demonstrava sobre as Escrituras quando pregava, foi encontrado, em 1263, 32 anos após a sua morte, com sua língua intacta. A língua que pregara tanto a Palavra de Deus teria sido simbolicamente preservada pela ação divina. Seu cadáver, porém, supostamente foi novamente exumado em outras duas situações: em 1350, quando sua mandíbula foi retirada, e em 1981, por ordem do papa João Paulo II, quando foram coletadas suas cordas vocais. Hoje, na capela das relíquias dentro da Basílica de Santo Antônio, na cidade de Pádua (Padova), na Itália, as três partes do santo são expostas em belíssimos relicários para os devotos que chegam do mundo todo.

Tais relíquias eram das mais variadas, incluindo o que supostamente eram cadáveres de santos, cravos da Paixão, faixas que envolveram o menino Jesus e, inclusive, gotas de leite da própria Maria (DANIELROPS, 1996, p. 265), cujo culto se desenvolve no século XII em relação especial ao culto dos santos (SILVA, 2016). Quanto a Maria, Lutero escreve uma tradução e comentário do *Magnificat*, no qual valoriza Maria, mas lembra a seus leitores que "ela não dá nada; é unicamente Deus quem dá" (DANIEL-ROPS, 1996, p. 295, nota 19).

Figura 22 – Relicário de Maria Madelena (séc. XIV-XV)

RELICÁRIO de Maria Madalena. ca. séculos XIV-XV. Cobre dourado, prata dourada, cristal de rocha, 56 cm. Metropolitan Museum of Art (17.190.504), Nova Iorque. Trata-se do relicário que supostamente contém um dente de Maria Madalena, bem ao centro. Crédito da imagem: Wikimedia Commons. Domínio público.

Além dessas deturpações teológicas, a Igreja daquele contexto também estava marcada por um clero desacreditado e odiado. Mesmo as ordens mendicantes, que haviam sido criadas a fim de reverter a degeneração da Igreja e promover a evangelização, estavam se tornando agrupamentos de pessoas deploráveis, as quais viviam distante do que pregavam e, apesar do voto de pobreza, muitas vezes cobravam até para ler a missa. No contexto de Lutero, eram os próprios dominicanos os encarregados das indulgências, cobrando os valores que seriam levados a Roma. O sentimento era tão forte que Jean Molinet (1435-1507), em um voto de fim de ano, reza "para que os jacobinos devorem os agostinianos, e que os carmelitas sejam enforcados com os cordões dos franciscanos" (HUIZINGA, 2010, p. 288).

Se nas comunidades e cidades era tal a dificuldade, em Roma, onde o pontificado havia se misturado ao poder político da família Médici, a situação não era melhor. Na verdade, segundo Daniel-Rops, pode-se dizer que a culpa era justamente da liderança romana, uma vez que "o escândalo, cujo exemplo vinha de Roma, repercutia nos lugares mais longínquos, agravava a crise da Igreja e expunha-a irremissivelmente aos ataques dos seus inimigos" (DANIEL-ROPS, 1996, p. 257). Afinal, "se, em Roma, os bastardos do papa gozavam de grande consideração, como se podia impedir que os simples párocos tivessem mulheres?" (DANIEL-ROPS, 1996, p. 256). Para além das mulheres, porém, os monastérios muitas vezes eram vistos como "antros infestados de atividade homossexual" (MCGRATH, 2012, p. 28). Essa era a imagem que o povo tinha de sua liderança espiritual.

Além de tal imoralidade por parte do clero, a liderança eclesiástica também estava manchada pela avareza, vivendo em um tal luxo comparável ao dos príncipes, como criticou Erasmo: "Mas os príncipes não são os únicos que levam essa vida agradável: os papas, os cardeais e os bispos vêm há muito se esforçando para imitá-los, e pode-se dizer que conseguiam superá-los" (ERASMO, 2010, p. 105). São, portanto, os "príncipes da Igreja" (ERASMO, 2010, p. 107). Algo que, no contexto alemão — no qual Erasmo veio depois a se inserir —, poderia ser tomado como algo negativo. Afinal, os príncipes italianos, muitas vezes da mesma família que os próprios papas, não eram bem-vistos pelo povo alemão, assim como os próprios príncipes alemães eram vistos como devoradores dos bens do povo, e do qual o povo poderia logo requerer a cabeça.

Como profetizado por Nicolau de Cusa (1401-1464): "Os príncipes alemães devoram o povo, mas um dia o povo os devorará a eles" (DANIEL-ROPS, 1996, p. 282).

Posicionando-se contra esse clero, tão criticado e odiado, Lutero obteve certo sucesso já de começo com o povo, que era hostil aos religiosos não somente pela incompetência destes — que às vezes eram até analfabetos —, bem como pelos privilégios que desfrutavam (MCGRATH, 2012, p. 29). Na verdade, é bem possível que boa parte do sucesso de Lutero tenha se dado pelo "ódio latente contra o clero", que "sempre esteve presente" no mundo medieval (HUIZINGA, 2010, p. 288). Afinal, "quanto mais um pregador era veemente contra os pecados de sua própria classe, mais o povo gostava de ouvi-lo" (HUIZINGA, 2010, p. 288). Não foi diferente com Lutero, que, assim como vários outros membros do "baixo clero" daquele contexto, criticaram duramente os abusos e a imoralidade do "alto clero".

O "baixo clero", apesar da expressão que lhe designa, não deve ser menosprezado. Apesar de ter muitos analfabetos (MCGRATH, 2012, p. 28), esse baixo clero também era formado, no tempo de Lutero, por pessoas que, além de clérigos, eram verdadeiros estudiosos da teologia e das Sagradas Escrituras, especialmente na Alemanha, que era marcada pela vida intelectual. Além de Lutero, exímio teólogo, a Alemanha viu ainda outros nomes, como Eckhart de Hochheim (1260-1328), o "Mestre Eckhart", Nicolau de Cusa, e Johann Reuchlin (1455-1522), professor da Universidade de Tübingen, cujo estudo do hebraico do Antigo Testamento causou "uma verdadeira tempestade" (DANIEL-ROPS, 1996, p. 283). Essa tendência alemã contrariava a tendência geral, uma vez que, apesar de em teoria ser obrigatório que o sacerdote tivesse estudado três anos de teologia, na prática tal obrigação não ocorria, de modo que "quando surgiram os pregadores da reforma protestante, tornou-se evidente a falta de formação da maioria do clero católico" (DANIEL-ROPS, 1996, p. 256).

Esse desenvolvimento intelectual se deu pela forma como o Renascimento se apresentou na Alemanha. Diferentemente do caso italiano, na Alemanha, o Renascimento se deu de forma que "a vida intelectual, apoiada em esplêndidas universidades, era mais intensa do que a da arte" (DANIELROPS, 1996, p. 282). Além das universidades, a Alemanha contou com a imprensa, "que se espalharia pelo país mais depressa do que em qualquer outra parte" (DANIEL-ROPS, 1996, p. 282), chegando ao número de mais de mil oficinas de tipografia em 1500.

A própria Bíblia, antes mesmo da publicação da tradução feita por Lutero, em 1534, já tinha tido várias versões, mesmo que parciais, chegando ao número de 156 edições latinas e 17 traduções alemãs (DANIEL-ROPS, 1996, p. 294). A edição de Lutero do Novo Testamento, porém, com sua tradução e as ilustrações de seu amigo Lucas Cranach, fez imenso sucesso, a despeito das versões anteriores, tendo sido feita, segundo o próprio Lutero, em "um alemão puro e claro", o qual ele aprendeu com "a mulher no seu lar, as crianças nos seus jogos e os burgueses nas praças públicas", de modo que foi escrita "como se fala e como se explica" (DANIELROPS, 1996, p. 295), visando à evangelização do povo. E, de fato, deve ter alcançado algum resultado nessa sua intenção, já que foram publicadas 300 edições da sua versão quando ele ainda estava vivo.

Figura 23 – Frontispício da Bíblia de Lutero (1534)

Frontispício da Bíblia de Lutero, edição de 1534, com cores. Texto escrito: *Biblia/ das ist/ die gantze Heilige Schrifft Deudſch. Mart. Luth. Wittemberg. Begnadet mit Kurfürſtlicher zu Sachſen freiheit. Gedruckt durch Hans Lufft. M. D. XXXIIII*. Obs.: note que o "4" de 1534 não é escrito "IV" nos numerais romanos, mas "IIII". Crédito da imagem: Wikimedia Commons. Domínio público.

Tanto a necessidade de evangelização como os problemas internos da Igreja eram bem conhecidos pela liderança da Igreja Católica. Já no século XIV, Guillaume le Maire avisava que "A Igreja tem de ser inteiramente reformada, tanto na cabeça como nos membros". Sabia-se tanto da necessidade dessa reforma quanto das consequências de ela ser adiada, como lembrava Guilherme Durand, bispo de Mende: "Se não se fizer a reforma com urgência, as coisas irão de mal a pior" (DANIEL-ROPS, 1996, p. 129).

De fato, paralelamente à reforma proposta por Lutero, dentro da própria Igreja Católica se deu um movimento de renovação, com teólogos que, apesar de críticos à situação, não propuseram a divisão da igreja nem se desvincularam dela. Tal movimento, que ficou conhecido como "Contrarreforma" — principalmente pelos protestantes — também pode ser denominada "Reforma Católica". Afinal, antes de Lutero, já no século XV, tal reforma foi empreendida por personagens importantes, como Nicolau de Cusa, na Alemanha, mas principalmente pela reformulação das ordens, já desgastadas, em outras localidades.

Assim, antes de Teresa de Ávila (1515–1582) e João da Cruz (1542–1591) reformarem a Ordem do Carmelo, o cardeal Francisco Jiménez de Cisneros (1436–1517), na Espanha, não somente reformou a ordem franciscana, como também fundou a Universidade de Alcalá (em 1499), que posteriormente se tornou uma referência nos estudos teológicos, chegando a publicar a Bíblia Poliglota Complutense, em 1520, escrita em hebraico, grego e latim. Tal universidade é a origem, inclusive, da atual Universidade Complutense de Madrid, que não é somente referência na Espanha, mas é também uma das maiores referências teológicas do mundo, especialmente na área exegética.

Por ser anterior e distante da Reforma protestante, Daniel-Rops afirma ser equivocada a expressão "Contrarreforma": "Nem na ordem cronológica nem na ordem lógica temos o direito de falar de 'contrarreforma'", afinal, além de ser um "salto gigantesco", foi um "admirável esforço de rejuvenescimento e ao mesmo tempo de reorganização que, em cerca de trinta anos, deu à Igreja um rosto novo" (DANIEL-ROPS, 1999, p. 7). Porém, teólogos protestantes também admitem tal aspecto de independência da Reforma Católica, apesar de manterem o termo "Contrarreforma". Assim, Paul Tillich (2007, p. 212) declara que "a Contrarreforma não foi apenas uma reação" à Reforma Protestante, mas também uma "verdadeira reforma".

Porém, quando Lutero lançou sua crítica à Igreja, a Cúria romana não a viu como uma oportunidade de reforma, mas como uma afronta. Não se percebeu, portanto, a intenção inicial daquele que era um monge agostiniano e que, pela posterior rejeição, acabou por se tornar um reformador da Igreja. As suas famosas "95 teses", intituladas *Disputa do Doutor Martinho Lutero sobre o Poder e Eficácia das Indulgências* (em latim: *Disputatio pro declaratione virtutis indulgentiarum*), não eram uma declaração contra a Igreja Católica, como alguns supõem. Era, na verdade, uma proposta temática para um debate acadêmico, uma espécie de convocatória dos teólogos da cidade e de cidades vizinhas para se discutir aqueles aspectos que diziam respeito à teologia moral, disciplina que Lutero lecionava na Universidade de Wittenberg. De fato, tais teses foram "apaixonadamente discutidas" (DANIEL-ROPS, 1996, p. 288) nas universidades, apesar de um debate de fato só ter ocorrido muito tempo depois, na cidade de Leipzig, onde Lutero desenvolveu ainda mais suas ideias.

Nesse debate, mais do que esclarecidas as questões teológicas, foi dividida a teologia alemã entre os defensores e os acusadores de Lutero. Foi tal debate em Leipzig, em 1519, muito mais que as 95 teses que ou provocou a ruptura de Lutero com Roma (DELUMEAU, 1989, p. 91) ou pelo menos a marcou. Este, tendo como principal defensor no campo teológico seu amigo Melanchton, que buscava intermediar a relação com Roma, acabou se aproximando mais de Hutten, que lhe propôs que se levantasse contra a Igreja Católica.

Em 1520, Lutero segue a indicação de Hutten, escrevendo dois livros contra o poder romano, intitulados *A liberdade do cristão* e *O cativeiro babilônico*, e um livro intitulado *Manifesto à nobreza cristã da nação alemã*, que marcou a sua entrada a um nacionalismo influenciado por Hutten, transformando a Reforma, de um movimento religioso, em uma proposta política. Tal reforma, portanto, passou a ser uma "Reforma Magisterial", vinculada e promovida pela relação com os príncipes e magistrados, diferenciando-se da "Reforma Radical", proposta pelos anabatistas, que rejeitavam a relação entre Igreja e Estado (FERREIRA, 2013, p. 158).

O próprio livro *A liberdade do cristão*, também de 1520, é dedicado a Jerônimo Mühlpfordt, administrador municipal de Zwickau, indicando a forma política que o movimento luterano começava a tomar. Nesse livro, Lutero inicia afirmando duas verdades sobre o cristão: "Um cristão é um senhor livre sobre todas as coisas e não se submete a ninguém. Um cristão é um súdito e servidor de todas as coisas e se submete a todos" (LUTERO, 1998, p. 25). Não negava, com isso, o cristianismo nem o catolicismo. Negava, porém, a formatação do poder papal que havia se configurado. Afinal, o papa deveria ser, segundo um de seus títulos,

Servus Servorum Dei, "servo dos servos de Deus", seguindo o princípio indicado pelo próprio Jesus Cristo: "'Vocês sabem que os governantes deste mundo têm poder sobre o povo, e que os oficiais exercem sua autoridade sobre os súditos. Entre vocês, porém, será diferente. Quem quiser ser o líder entre vocês, que seja servo, e quem quiser ser o primeiro entre vocês, que se torne escravo'" (Mt 20.25b-28).

No começo do ano seguinte a tais publicações, já em janeiro de 1521, uma nova bula papal declarou Lutero excomungado da Igreja e impunha interdição às cidades que lhe dessem abrigo. Assim, a Igreja se posicionou não somente contra Lutero, mas também contra as cidades que se levantavam em apoio ao monge agostiniano.

Após se apresentar na cidade de Wörms, em 1521, Lutero decidiu sumir do público — apesar de suas obras continuarem sendo divulgadas —, de modo que muitos pensaram que ele pudesse estar morto. Estava na verdade vivendo escondido no castelo de Wartburg, sendo chamado de Jörg (Jorge) para não ser reconhecido. A perseguição a esse procurado, que poucos sabiam se estava vivo ou morto, acabou rendendo simpatia de pensadores e artistas críticos ao pontificado romano, a exemplo de Albrecht Dürer (1471-1528), o maior nome do Renascimento fora da Itália, que devorava as obras de Lutero e que nesse momento se perguntava: "Vive ainda? Assassinaram-no? Ignoro-o. Mas, se foi morto, sofreu pela verdade cristã" (DANIEL-ROPS, 1996, p. 293-294).

Apesar disso, é difícil dizer de que modo a Reforma se relacionou com o Renascimento. Afinal, assim como alguns defendem que "a teologia dos reformadores encontrou inspiração na Renascença, voltando às fontes" (FERREIRA, 2013, p. 157), segundo o filósofo Friedrich Nietzsche, Lutero se colocou "contra o Renascimento", restaurando a Igreja quando ela estava para ser sobreposta pelo paganismo retomado pelo Renascimento (NIETZSCHE *apud* ROMANO, 1998, p. 16).

    Tal ambiguidade de Lutero com o Renascimento pode ser visto em sua relação com Erasmo de Roterdã, holandês de nascimento e que vivia na Alemanha, que era considerado o maior humanista daquele tempo, a quem ele começa admirando e termina odiando. Assim, se no começo da relação os dois trocam "cartas muito amáveis" (DANIEL-ROPS, 1996, p. 315), e Erasmo defende Lutero aos príncipes e mesmo a Roma, com o tempo os atritos aumentam progressivamente. De início, Erasmo indicava que "Lutero não cometeu senão dois erros: ferir o papa na coroa e os monges no ventre" (DANIEL-ROPS, 1996, p. 315), dando certa razão ao agostiniano. Com o tempo, porém, Lutero declara aos seus discípulos: "Odeio Erasmo!", e afirma que ele é "o maior inimigo de Cristo, tal como não houve outro nos últimos mil anos" (DANIEL-ROPS, 1996, p. 318).

Figura 24 – Retrato de Erasmo de Roterdã (1523)

HOLBEIN, Hans. **Retrato de Desidério Erasmo**. 1523. 1 original de arte, óleo sobre papel, 36.8 × 30.5 cm. Kunstmuseum Basel, Basileia, Suíça. Crédito da imagem: Wikimedia Commons. Domínio público.

O conflito entre os dois mostrou que, apesar de Lutero ter direcionado sua reforma para sentidos políticos, sua intenção original era essencialmente teológica. De fato, a desavença com Erasmo se deu pelo fato de o humanista crer na liberdade humana, enquanto Lutero defendia uma "vontade escravizada". Ou seja, o reformador acreditava que o ser humano é livre psicologicamente, mas não espiritualmente, dependendo completamente de Deus para sua salvação e, portanto, não podendo contribuir em nada para esta (TILLICH, 2007, p. 237).

Além disso, Lutero se distinguia de Erasmo por ter o foco no povo e não na intelectualidade: ao contrário de Erasmo, que se concentra na confecção de uma nova edição do Novo Testamento grego, o famoso *Textus Receptus*, Lutero traduz o Novo Testamento para o alemão simples, do povo, utilizando a própria edição de Erasmo nesse processo. Desse modo, apesar do nacionalismo que o luteranismo veio a ter, não se pode esquecer que seu criador, Lutero, queria, antes de mais nada, arrumar a religião em si mesma, ou seja, a relação do homem com Deus (TILLICH, 2007, p. 227), trazendo a Igreja de volta ao sentido fundamental do Evangelho e reaproximando o povo de Deus.

Síntese do capítulo

Entre os séculos XIV e XVI, a Europa viu-se completamente transformada, de uma configuração social feudal a uma nova realidade, na qual as cidades ganharam destaque. A expansão das cidades também favoreceu mudanças culturais, não somente pela criação das universidades, mas também pelo desenvolvimento da ciência e das artes, resultando no Renascimento, que surge na Itália e se expande por toda a Europa. É nesse contexto de Renascimento, com intensas mudanças, que aparece dentro da igreja alemã um monge agostiniano chamado Martinho Lutero, o qual, criticando excessos e problemas dentro da Igreja, veio depois a romper com a Igreja Católica, dando início a um processo que, hoje, ficou conhecido como a Reforma Protestante.

Referências

ALIGHIERI, D. **A divina comédia**. Edição bilíngue de Italo Eugenio Mauro. São Paulo: Editora 34, 1998.

ALMEIDA, V. L. S. de. O Templo de Heliópolis e o julgamento de Ptolomeu VI Filometor: o javismo descentralizado. **Revista Jesus Histórico**, ano VII, n. 13, p. 83-94, 2014.

ANDERSON, P. **Passagens da Antiguidade ao feudalismo**. 2 ed. Porto: Afrontamento, 1982.

ANGOLD, M. **Bizâncio**: a ponte da Antiguidade para a Idade Média. Rio de Janeiro: Imago, 2001.

BARROS, J. D'Assunção. Trifuncionalidade medieval: notas sobre um debate historiográfico. **Cultura**: Revista de História e Teoria das Ideias, v. 22, p. 1-17, 2006.

BAUMGARTEN. A. I. Bilingual Jews and the Greek Bible. In: KUGEL, J. L. (Ed.). **Shem in the Tents of Japhet**: Essays on the Encounter of Judaism and Hellenism. Leiden/ Boston/ Köln: Brill, 2002. (Supp JSJ, 74). p. 13-30.

BARR, J. Hebrew, Aramaic and Greek in the Hellenistic Age. In: DAVIES, W. D. D.; FINKELSTEIN, L. (Ed.). **The Cambridge History of Judaism**. Cambridge: Cambridge University Press, 1989. v. 2: The Hellenistic Age, 1989. p. 79-114.

BASCHET, J. Diabo. In: LE GOFF, J.; SCHMITT, Jean-Claude. (Org.). **Dicionário temático do Ocidente medieval – Volume I**. Bauru, SP: Edusc, 2006. p. 319-331.

BERNAT, D. A. **Sign of the Covenant**: Circumcision in the Priestly Tradition. Atlanta: Society of Biblical Literature, 2009.

BÍBLIA DE JERUSALÉM. Tradução do texto em língua portuguesa diretamente dos originais sob a coordenação de Gilberto da Silva Gorgulho, Ivo Storniolo e Ana Flora Anderson. 9.ª reimpressão. São Paulo: Paulus, 2013.

BÍBLIA SAGRADA: Nova Versão Transformadora. 1. ed. São Paulo: Mundo Cristão, 2016.

BICKERMAN, E. J. **From Ezra to the last of the Maccabees**: Foundations of Postbiblical Judaism. New York: Schocken Books, 1962.

BIRD, M. F. **Crossing over Sea and Land**: Jewish Missionary Activity in the Second Temple Judaism. Peabody: Hendrickson Publishing, 2010.

BLOCH, M. **Apologia da história, ou, O ofício de historiador**. Prefácio de Jacques Le Goff. Tradução de: TELLES, A. Rio de Janeiro: Jorge Zahar, 2010.

_____. **A sociedade feudal**. 2. ed. Tradução revista. Lisboa: Edições 70, 1987.

BOFF, L. **Jesus Cristo Libertador**: ensaio de cristologia crítica para o nosso tempo. 3. ed. Petrópolis: Vozes, 1972.

BOYARIN, D. **Border Lines**: The Partition of JudaeoChristianity. Philadelphia: University of Pennsylvania Press, 2004. (Divinations: Rereading Late Ancient Religion).

_____; BOYARIN, J. Diaspora: generation and the ground of Jewish Identity. **Critical Inquiry**, Chicago, v. 19, n. 4, p. 693-725, Summer 1993.

_____. Semantic Differences; or, "Judaism"/"Christianity". In: BECKER, A. H.; YOSHIKO REED, A. (Ed.). **The Ways that Never Parted**: Jews and Christians in Late Antiquity and the Early Middle Ages. Minneapolis: Fortress Press, 2007. p. 65-85.

BREMMER, J. N. Atheism in Antiquity. In: MARTIN, M. (Ed.). **The Cambridge Companion to Atheism**. Cambridge: Cambridge University Press, 2007. (Cambridge Companions to Philosophy). p. 11-26.

CARDINI, F. Guerra e Cruzada. In: LE GOFF, J.; SCHMITT, Jean-Claude. (Org.). **Dicionário temático do Ocidente medieval – Volume I**. Bauru, SP: Edusc, 2006. p. 473-487.

CHAZAN, R. **God, Humanity, and History**: The Hebrew First Crusade Narratives. Berkeley/Los Angeles/London: University of California Press, 2000. (The S. Mark Taper Foundation Imprint in Jewish Studies).

_____. **In the Year 1096**: The First Crusade and the Jews. Philadelphia/Jerusalem: The Jewish Publication Society, 1996 (5755).

_____. **The Jews of Medieval Western Christendom, 1000-1500**. Cambridge: Cambridge University Press, 2006.

COHEN, S. J. D. **From the Maccabees to the Mishnah**. 2. ed. Louisville: Westminster John Knox Press, 2006.

COLLINS, J. J. **Jewish Cult and Hellenistic Culture**: Essays on the Jewish Encounter with Hellenism and Roman Rule. Leiden/Boston: Brill, 2005. (Supp JSJ, 100).

CORMACK, L. B. That Medieval Christians Taught that the Earth was Flat. In: NUMBERS, R. L. (Ed.). **Galileo goes to jail and other Myths about Science and Religion**. Cambridge, MA: Harvard University Press, 2009. p. 28-34.

CULLMANN, O. **Cristo e política**. Tradução de: BANDEIRA, M. Rio de Janeiro: Paz e Terra, 1968. (Série Encontro e Diálogo, 6).

DABROWA, E. The Hasmoneans and the Religious Homogeneity of their State. **Scripta Judaica Cracoviensia**, Krákow, 2010. v. 8, p. 7-14

DANIÉLOU, J. **Símbolos cristãos primitivos**. Tradução de: FONSECA, J. S. da. Tradução das palavras e escritas gregas de: SCHÜLER, D. Porto Alegre: Editora Kuarup, 1993. (Terceiro Milênio: Série Tradição, 1).

_____. The Crisis of Judaeo-Christianity. In: DANIÉLOU, J.; MARROU, H. **The Christian Centuries – Volume I**: The First Six Hundred Years. Translated by Vincent Cronin with illustrations selected and annotated by Peter Ludlow. London: Darton, Longman and Todd, 1964. (The Christian Centuries: A New History of the Catholic Church). p. 29-38.

DANIEL-ROPS, H. **A vida diária nos tempos de Jesus**. Tradução de: SIQUEIRA, N. 3. ed. São Paulo: Vida Nova, 2009.

_____. **A igreja da Renascença e da Reforma – Volume I**: A reforma protestante. São Paulo: Quadrante, 1996.

_____. **A igreja da Renascença e da Reforma – Volume II**: Contrarreforma. São Paulo: Quadrante, 1999.

DEBEL, H. Greek "Variant Literary Editions" to the Hebrew Bible? **Journal for the Study of Judaism**, Leiden, v. 41, p. 161-190, 2010.

DELUMEAU, J. **História do medo no Ocidente, 1300-1800**: Uma cidade sitiada. São Paulo: Companhia das Letras, 2009.

_____. **Nascimento e afirmação da Reforma**. Tradução de: MENDES, J. P. São Paulo: Pioneira, 1989. (Série "Nova Clio", 30).

DIEHL, C. **Os grandes problemas da história bizantina**. São Paulo: Editora das Américas, 1961.

DODD, C. H. **O fundador do cristianismo**. Tradução de: GAIO, L. J. São Paulo: Edições Paulinas, 1976. (A Palavra Viva, 6).

DUBY, G. **As três ordens ou o imaginário do feudalismo**. Lisboa: Estampa, 1982.

DUCELLIER, A. et al. **A Idade Média no Oriente**: Bizâncio e o Islão: dos Bárbaros aos Otomanos. Lisboa: Publicações Dom Quixote, 1994.

ECO, U. **História da feiúra**. Tradução de: AGUIAR, E. Rio de Janeiro; São Paulo: Editora Record, 2007.

EKSTRÖM, B. **História da missão**: um guia de estudo da história missionária. Londrina: Descoberta, 2001.

ERASMO, D. **Elogio da loucura**. Tradução de: NEVES, P. Porto Alegre: L&PM, 2010. (L&PM Pocket).

FALBEL, N. **Heresias medievais**. São Paulo: Editora Perspectiva, 1977. (Khronos, 9).

_____. **Kidush HaShem**: Crônicas hebraicas sobre as cruzadas. São Paulo: Editora da Universidade de São Paulo; Imprensa Oficial do Estado, 2001.

FEBVRE, L. **Martinho Lutero, um destino**. São Paulo: Três Estrelas, 2012.

FERREIRA, F. **A igreja cristã na história**: das origens aos dias atuais. São Paulo: Vida Nova, 2013.

FINLEY, M. I. **A política no mundo antigo**. Tradução de: CABRAL, A. Rio de Janeiro: Zahar, 1985.

FINNOCHIARO, M. A. That Galileo Was Imprisioned and Tortured for Advocating Copernicanism. In: NUMBERS, R. L. (Ed.). **Galileo goes to jail and other Myths about Science and Religion**. Cambridge, MA: Harvard University Press, 2009. p. 68-78.

FRANCO JR., H. **O império bizantino**. São Paulo: Editora Brasiliense, 1985.

FRIGHETTO, R. **A antiguidade tardia**: Roma e as monarquias romano-bárbaras numa época de transformações (Séculos II-VIII). Curitiba: Juruá, 2012.

_____. Religião e política na Antiguidade Tardia: os godos entre o arianismo e o paganismo no século IV. **Dimensões**, v. 25, p. 114-130, 2010.

GALIMBERTI, U. **Rastros do sagrado**: o cristianismo e a dessacralização do sagrado. São Paulo: Paulus, 2003.

GONZÁLEZ, J. L. **E até os confins da terra**: uma história ilustrada do cristianismo. Volume 1: A era dos mártires. Tradução de: YUASA, K. São Paulo: Vida Nova, 2011a.

_____. **E até os confins da terra**: uma história ilustrada do cristianismo. Volume 2: A era dos gigantes. Tradução de; FUCHS, H. U. São Paulo: Vida Nova, 2004.

_____; ORLANDI, C. C. **História do movimento missionário**. Tradução de: BRITO, S. P. B. São Paulo: Hagnos, 2010.

_____. **História ilustrada do cristianismo – Volume 1**: A era dos mártires até a era dos sonhos frustrados. 2. ed. rev. São Paulo: Vida Nova, 2011b.

GOODENOUGH, E. R. The Crown of Victory in Judaism. **The Art Bulletin**, New York, v. 28, n. 3, p. 139-159, sep. 1946.

GOODMAN, M. **Mission and conversion**: Proselytizing in the Religious History of the Roman Empire. Oxford: Clarendon Press, 1994. (Clarendon Paperbacks).

GRUEN, E. S. **Diaspora**: Jews amidst Greeks and Romans. Cambridge, MA/London: Harvard University Press, 2004.

GUSSO, A. R. Eleição no Antigo Testamento. **Via teológica**, Curitiba, v. 1, n. 1, p. 27-36, junho 2000.

HIDALGO DE LA VEGA, M. J. Roma protectora del helenismo: el poder de la identidad. In: PLÁCIDO SUÁREZ, D. et al. (Ed.). **La construcción ideológica de la ciudadanía**: identidades culturales y sociedad en el mundo griego antiguo. Madrid:

Universidad Complutense; Editorial Complutense, 2006. p. 423-448.

HODGES, F. M. The Ideal Prepuce in Ancient Greece and Rome: Male Genital Aesthetics and Their Relation to Lipodermos, Circumcision, Foreskin Restoration, and the Kynodesmē. **Bulletin of the History of Medicine**, v. 75, n. 3, p. 375-405, Fall 2001.

HUIZINGA, J. **O outono da Idade Média**. Tradução de: JANSSEN, F. P. São Paulo: Cosac Naify, 2010.

JAEGER, W. **Cristianismo Primitivo e Paideia Grega**. Lisboa: Edições 70, 2002. (Perfil: História das Ideias e do Pensamento, 6).

JEREMIAS, J. **As parábolas de Jesus**. Tradução de: COSTA, J. R. 10. ed. São Paulo: Paulus, 2007. (Nova Coleção Bíblica).

_____. **Jerusalém no tempo de Jesus**: pesquisa de história econômico-social no período neotestamentário. São Paulo: Paulus, 1983. (Nova Coleção Bíblica, 16).

_____. **Teologia do Novo Testamento**: a pregação de Jesus. Tradução de: COSTA, J. R. 3. ed. São Paulo: Edições Paulinas, 1984. (Nova Coleção Bíblica, 3).

JOHNSON, A. P. **Ethnicity and Argument in Eusebius' Praeparatio Evangelica**. Oxford: Oxford University Press, 2006. (Oxford Early Christian Studies).

JOSEPHUS. **In Nine Volumes**. Volume III: The Jewish War, Books IV-VII. With an English translation by H. St. J. Tackeray. London/Cambridge, MA: William Heinemann; Harvard University Press, 1961. (LCL).

KRAYBILL, J. N. **Culto e comércio imperial no Apocalipse de João**. Tradução de: LAMBERT, B. T. São Paulo: Paulinas, 2004. (Bíblia e História).

LANGFORD, J. J. **Galileo, Science and the Church**. New York: Desclée, 1966.

LE GOFF, J. **A bolsa e a vida**: a usura na Idade Média. São Paulo: Brasiliense, 1989.

_____. **A Idade Média e o dinheiro**: ensaio de antropologia histórica. Rio de Janeiro: Civilização Brasileira, 2014.

_____. **Heróis e maravilhas da Idade Média**. Tradução de: MATOUSEK, S. Petrópolis: Vozes, 2009.

_____. **O apogeu da cidade medieval**. Tradução de: DANESI, A. de P. São Paulo: Martins Fontes, 1992.

_____. **O Deus da Idade Média**: conversas com Jean-Luc Pouthier. 2. ed. Rio de Janeiro: Civilização Brasileira, 2010.

_____. **O nascimento do purgatório**. Tradução de: LOPES, M. I. F. Petrópolis: Vozes, 2017.

_____. **Os intelectuais na Idade Média**. Rio de Janeiro: Editora José Olympio, 2003.

_____. **São Francisco de Assis**. Tradução de: CASTRO, M. de. Rio de Janeiro; São Paulo: Editora Record, 2001.

LOPES, H. D. **Paulo, o maior líder do cristianismo**. São Paulo: Editora Hagnos, 2011.

LOUREIRO, K.; SCARAMUSSA, Z. O Diabo e suas representações simbólicas em Ramon Llull e Dante Alighieri (séculos XIII e XIV). **Mirabilia**, v. 2, p. 202-223, dez. 2002.

LUTERO, M. **Da liberdade do cristão (1520)**: prefácios à Bíblia. Tradução de: PASCHOAL, E. J. São Paulo: Fundação Editora da UNESP, 1998. (Ariadne).

MACDONNELL, J. **Jesuit Geometers**. St. Louis: Institute of Jesuit Sources, 1989.

MACGRATH, A. E. **A revolução protestante**. Tradução de: ARANHA, L., ARANHA, R. Brasília: Editora Palavra, 2012.

MAGALHÃES, A. C. de M.; BRANDÃO, E. O Diabo na arte e no imaginário ocidental. In: MAGALHÃES, A. C. de M. et al (Org.). **O demoníaco na literatura**. Campina Grande: EDUEPB, 2012. p. 277-290.

MARICONDA, P. R. **Galileu e a ciência moderna. Cadernos de Ciências Humanas**, v. 9, n. 16, p. 267-292, jul./dez. 2006.

MARROU, H. The Last Persecution and the Peace of the Church. In: DANIÉLOU, J.; MARROU, H. **The Christian Centuries – Volume 1**: The First Six Hundred Years. Translated by Vincent Cronin with illustrations selected and annotated by Peter Ludlow. London: Darton, Longman and Todd, 1964. (The Christian Centuries: A New History of the Catholic Church). p. 231-238.

MCKNIGHT, S. **A light among the gentiles**: Jewish missionary activity in the Second Temple period. Minneapolis: Fortress Press, 1991.

MILLAR, F. Éd. Will, C. Orrieux, «Prosélytisme juif»? Histoire d'une erreur, 1992 (Review). **Topoi**, v. 3/1, p. 299-304, 1993.

MOMIGLIANO, A. **Alien Wisdom**: The Limits of Hellenization. Cambridge: Cambridge University Press, 1975.

NOVENSON, M. V. Paul's Former Occupation in Ioudaismos. In: ELLIOTT, M. W.; HAFEMANN, S. J.; WRIGHT, N. T.; FREDERICK, J. (Ed.). **Galatians and Christian Theology**: Justification, the Gospel, and Ethics in Paul's Letter. Grand Rapids: Baker Academy, 2014. p. 24-39.

ODAHL, C. M. The Celestial Sign on Constantine's shields at the battle of the Milvian Bridge. **Journal of the Rocky Mountain Medieval and Renaissance Association**, v. 2, p. 15-28, 1981.

OLIVEIRA, T. A universidade medieval: uma memória.

Mirabilia, v. 6, p. 63-78, jun./dez. 2006.

PAIS APOSTÓLICOS. Tradução de: PISETTA, A. São Paulo: Mundo Cristão, 2017.

PARISSE, M. Império. In: LE GOFF, J.; SCHMITT, Jean-Claude. (Org.). **Dicionário temático do Ocidente medieval – Volume 1**. Bauru, SP: Edusc, 2006. p. 607-619.

PELLISTRANDI, Stan-Michel. **O cristianismo primitivo**. Rio de Janeiro: Editions Ferni, 1978. (Grandes civilizações desaparecidas).

PESEZ, Jean-Marie. Castelo. In: LE GOFF, J.; SCHMITT, Jean-Claude. (Org.). **Dicionário temático do Ocidente medieval – Volume 1**. Bauru, SP: Edusc, 2006. p. 153-171.

ROMANO, R. Introdução. In: LUTERO, M. **Da liberdade do cristão (1520)**: prefácios à Bíblia. Tradução de: PASCHOAL, E. J. São Paulo: Fundação Editora da UNESP, 1998. (Ariadne). p. 7-21.

ROSENBERG, S. G. The Jewish Temple at Elephantine. **Near Eastern Archaeology**, v. 67, n. 1, p. 4-13, mar. 2004.

ROTH, K. **Cultura del Imperio Bizantino**. Barcelona: Editorial Labor, 1930.

RUNCIMAN, S. **A Teocracia Bizantina**. Rio de Janeiro: Zahar Editores, 1978.

RUPPENTHAL NETO, W.; FRIGHETTO, R. Um símbolo da diferença: pertença, violência e resistência na circuncisão judaica. **Estudos Teológicos**, São Leopoldo, v. 57, n. 2, p. 426-443, jul./dez. 2017.

_____. **Judaísmo, uma invenção helenística**: helenismo e judaísmo em 2 Macabeus. Curitiba: Universidade Federal do Paraná, 2018. (Dissertação de Mestrado em História).

_____. O nascimento do mundo cristão. **Via Teológica**, v. 14, n. 27, jun. 2013, p. 138-144.

_____. Os Verdes e Azuis na História Secreta de Procópio. **Plêthos**, v. 2, n. 1, p. 75-96, 2012.

SANTO AGOSTINHO. **O *De excidio Vrbis* e outros sermões sobre a queda de Roma**. Tradução do latim, introdução e notas de Carlota Miranda Urbano. 3 ed. Coimbra: Imprensa da Universidade de Coimbra, 2013. (Série Autores Gregos e Latinos – Textos).

SCARDELAI, D. **Da religião bíblica ao judaísmo rabínico**: origens da religião de Israel e seus desdobramentos na história do povo judeu. São Paulo: Paulus, 2008. (Biblioteca de Estudos Bíblicos).

SCHLEGEL, D.; SCHLEGEL, F. **A história do mago Merlin**. Tradução de: AZENHA JR., J. São Paulo: Martins Fontes, 2001.

SCHMITT, Jean-Claude. Deus. In: LE GOFF, J.; SCHMITT, Jean-Claude. (Org.). **Dicionário temático do Ocidente medieval – Volume I**. Bauru, SP: Edusc, 2006. p. 301-317.

SCHUBERT, K. **Os partidos religiosos hebraicos da época neotestamentária**. São Paulo: Edições Paulinas, 1979. (Biblioteca de estudos bíblicos, 5).

SEVCENKO, N. **O renascimento**. 2. ed. São Paulo; Campinas: Atual; Editora da Universidade Estadual de Campinas, 1985. (Discutindo a História).

SHANK, M. H. That the Medieval Christian Church Suppressed the Growth of Science. In: NUMBERS, R. L. (Ed.). **Galileo goes to jail and other Myths about Science and Religion**. Cambridge, MA: Harvard University Press, 2009. p. 19-27.

SILVA, A. C. L. F. da. Mulheres e santidade na Idade Média.

In: _____; SILVA, L. R. da. (Org.). **Mártires, confessores e Virgens**: o culto aos santos no Ocidente Medieval. Petrópolis: Vozes, 2016. p. 147-181.

SILVA, B. J. C. O movimento apocalíptico e macabeu como protesto contra o domínio helênico. **Oracula**, São Bernardo do Campo, ano 9, n. 14, p. 64-72, 2013.

SILVA, G. V. da. A condenação dos judaizantes nos Concílios Eclesiásticos do século IV. **Phoînix**, Rio de Janeiro, v. 14, p. 164-188, 2008.

SMALLWOOD, E. M. The Legislation of Hadrian and Antoninus Pius against Circumcision. **Latomus**, T. 18, Fasc. 2, p. 334-347, avril/juin 1959.

_____. The Legislation of Hadrian and Antoninus Pius against Circumcision: Addendum. **Latomus**, T. 20, Fasc. 1, p. 93-96, janvier/mars 1961.

STARK, R. **O crescimento do cristianismo**: um sociólogo reconsidera a história. Tradução de: SANTOS, J. P. dos. São Paulo: Paulinas, 2006. (Repensando a Religião).

STERN, S. **Jewish Identity in Early Rabbinic Writings**.

Leiden: E. J. Brill, 1994.

TAMANINI, P. Augusto. O rito na Era Bizantina e a aliança entre o Império e a Religião. **Diálogos Mediterrânicos**, n. 10, p. 158-173, jun. 2016.

TILLICH, P. **História do pensamento cristão**. 4. ed. Tradução de: MARASCHIN, J. São Paulo: ASTE, 2007.

URBANO, C. M. Introdução. In: SANTO AGOSTINHO. **O *De excidio Vrbis* e outros sermões sobre a queda de Roma**. Tradução do latim, introdução e notas de Carlota Miranda Urbano. 3. ed. Coimbra: Imprensa da Universidade de Coimbra, 2013. (Série Autores Gregos e Latinos – Textos). p. 13-33.

_____. Santo Agostinho e o De excidio urbis Romae sermo. **Theologica**, 2.ª série, v. 43, n. 1, p. 215-225, 2008.

VAUCHEZ, A. **A Espiritualidade na Idade Média Ocidental**: séculos VIII a XIII. Rio de Janeiro: Jorge Zahar, 1995.

VERGER, J.. **As universidades medievais**. São Paulo: Unesp, 1990.

_____. Tomás de Aquino, um universitário na Idade Média. In: VV.AA. **Monges e religiosos na Idade Média**. Lisboa: Terramar, s.d. p. 287-301.

_____. Universidades. In: LE GOFF, J.; SCHMITT, Jean-Claude. (Org.). **Dicionário temático do Ocidente medieval – Volume II**. Bauru, SP: Edusc, 2006. p. 573-587.

VERMES, G. **Ressurreição**: história e mito. Rio de Janeiro; São Paulo: Editora Record, 2013.

VEYNE, P. Introdução. In: VEYNE, P. (Org.). **História da vida privada – Volume I**: Do Império Romano ao Ano Mil. 9.ª reimpressão. São Paulo: Companhia das Letras, 1993. p. 13-15.

_____. **Quando nosso mundo se tornou cristão**: 312-394. 2. ed. Rio de Janeiro: Civilização Brasileira, 2011.

WALKER, W. **História da igreja cristã**. 3. ed. Tradução de: SIEPIERSKI, P. D. São Paulo: ASTE, 2006.

WEITZMAN, S. Forced Circumcision and the Shifting Role of Gentiles in Hasmonean Ideology.

Harvard Theological Review, Cambridge, MA, v. 92,

n. 1, p. 37-59, jan. 1999.

WOLFF, P. **Outono da Idade Média ou primavera dos novos tempos?** Lisboa: Edições 70, 1988. (Lugar da História).

WOODS JR., T. E. **Como a Igreja Católica construiu a Civilização Ocidental**. Tradução de: CARILLO, E. São Paulo: Quadrante, 2008.

ZERNER, M. Heresia. In: LE GOFF, J.; SCHMITT, Jean-Claude. (Org.). **Dicionário temático do Ocidente medieval – Volume I**. Bauru, SP: Edusc, 2006. p. 503-521.

ZILLES, U. Teologia no Renascimento e na Reforma. **Teocomunicação**, v. 43, n. 2, p. 325-355, jul./dez. 2013.